La famille et les parents d'aujourd'hui

La communication entre parents et enfants

Catalogage avant publication de Bibliothèque et Archives Canada

Parent, Nathalie

La famille et les parents d'aujourd'hui

(Collection Psychologie)

ISBN 978-2-7640-1183-6

1. Enfants – Développement. 2. Éducation des enfants. 3. Parents et enfants. I. Titre. II. Collection : Collection Psychologie (Éditions Quebecor).

HQ767.9.P37 2008 305.231 C2007-942121-0

7, chemin Bates
Montréal (Québec) Canada
H2V 4V7

Dépôt légal : 2008
Bibliothèque et Archives nationales du Québec

Pour en savoir davantage sur nos publications, visitez notre site : www.quebecoreditions.com

---

Éditeur : Jacques Simard
Conception de la couverture : Bernard Langlois
Illustration de la couverture : Veer
Conception graphique : Sandra Laforest
Infographie : Claude Bergeron

Imprimé au Canada

Gouvernement du Québec – Programme de crédit d'impôt pour l'édition de livres – Gestion SODEC.

L'Éditeur bénéficie du soutien de la Société de développement des entreprises culturelles du Québec pour son programme d'édition.

Nous reconnaissons l'aide financière du gouvernement du Canada par l'entremise du Programme d'aide au développement de l'industrie de l'édition (PADIÉ) pour nos activités d'édition.

DISTRIBUTEURS EXCLUSIFS :

- Pour le Canada et les États-Unis :
  MESSAGERIES ADP*
  2315, rue de la Province
  Longueuil, Québec J4G 1G4
  Tél. : (450) 640-1237
  Télécopieur : (450) 674-6237
  * une division du Groupe Sogides inc., filiale du Groupe Livre Quebecor Média inc.
- Pour la France et les autres pays :
  INTERFORUM editis
  Immeuble Paryseine, 3, Allée de la Seine
  94854 Ivry CEDEX
  Tél. : 33 (0) 4 49 59 11 56/91
  Télécopieur : 33 (0) 1 49 59 11 33

  Service commande France Métropolitaine
  Tél. : 33 (0) 2 38 32 71 00
  Télécopieur : 33 (0) 2 38 32 71 28
  Internet : www.interforum.fr

  Service commandes Export – DOM-TOM
  Télécopieur : 33 (0) 2 38 32 78 86
  Internet : www.interforum.fr
  Courriel : cdes-export@interforum.fr
- Pour la Suisse :
  INTERFORUM editis SUISSE
  Case postale 69 – CH 1701 Fribourg – Suisse
  Tél. : 41 (0) 26 460 80 60
  Télécopieur : 41 (0) 26 460 80 68
  Internet : www.interforumsuisse.ch
  Courriel : office@interforumsuisse.ch

  Distributeur : OLF S.A.
  ZI. 3, Corminboeuf
  Case postale 1061 – CH 1701 Fribourg – Suisse

  Commandes : Tél. : 41 (0) 26 467 53 33
  Télécopieur : 41 (0) 26 467 54 66
  Internet : www.olf.ch
  Courriel : information@olf.ch
- Pour la Belgique et le Luxembourg :
  INTERFORUM editis BENELUX S.A.
  Boulevard de l'Europe 117,
  B-1301 Wavre – Belgique
  Tél. : 32 (0) 10 42 03 20
  Télécopieur : 32 (0) 10 41 20 24
  Internet : www.interforum.be
  Courriel : info@interforum.be

Nathalie Parent
psychologue

La famille et les parents d'aujourd'hui

La communication entre parents et enfants

LES ÉDITIONS
Quebecor
QUEBECOR MEDIA

Remerciements

Tout d'abord, je tiens à remercier M. Jacques Simard, qui m'a ouvert la porte des Éditions Quebecor dès mon premier appel. Ensuite, mon ami et collègue de travail, Jean-François Vézina, qui a su me donner de précieux conseils au début de la rédaction de ce livre afin de me permettre d'aller de l'avant.

Bien sûr, il y a toutes ces personnes que j'ai croisées sur mon chemin, c'est-à-dire des patients (petits et grands), des amies, des collègues de travail et des thérapeutes, et qui m'ont inspirée et guidée tout au long de cet ouvrage.

Il y a également ma famille : mon conjoint et mes enfants, mes parents, mes frères et mes grands-parents. Il est évident que, sans eux, je ne serais pas la personne que je suis aujourd'hui. C'est, par ailleurs, cet arbre généalogique qui m'a permis de réfléchir sur la famille et son sens, de découvrir des forces, des valeurs importantes ainsi que des lacunes.

Un merci tout particulier à mon conjoint. En discutant tous deux, il a su me donner un point de vue à la fois de parent et d'homme. De plus, grâce à sa connaissance du monde de l'informatique, j'ai pu rendre ce livre à terme.

Merci à mes filles pour leur patience, car elles ont su respecter mes moments d'écriture.

Je tiens particulièrement à remercier ma collègue Pauline Blais, qui a eu la générosité de relire mon ouvrage et ainsi m'apporter ses judicieux conseils.

Introduction*

Le monde est notre cahier d'écolier;
sur ses pages, nous faisons nos exercices.
Richard Bach

Si vous lisez ce livre, c'est probablement parce que vous avez choisi de vous lancer dans cette grande aventure qu'est la vie de parents. Bien entendu, comme dans toute aventure, il y a des hauts et des bas, des moments agréables et d'autres moins, des avantages et des inconvénients, du prévisible et de l'imprévisible. Être parent, ça ne s'apprend pas dans un livre; ça se vit et ça se construit. Malgré tous les trucs et les conseils, il y a toujours des situations plus difficiles à vivre. Dans ces moments-là, entre en jeu le pouvoir de la réflexion sur soi et sur la situation. Et ceux qui détiennent ce pouvoir de réflexion, ce sont les parents; ainsi, on pourrait les voir comme les fondations d'une maison. C'est également à travers eux, leur vécu et les diverses expériences de vie que vont se développer les enfants et l'unité familiale. En ce sens, je crois beaucoup à la capacité des parents d'agir, de réagir, de modifier ou d'améliorer la situation familiale.

---

* Vous trouverez les références des appels de note à la fin du livre, à la page 171.

Toutefois, l'être humain n'est pas une machine à performance. On le sait tous, mais parfois on l'oublie et on cherche à l'extérieur les réponses qui se trouvent à l'intérieur, c'est-à-dire dans l'être et la relation. Puisque le parent veut être un bon parent, un bon conjoint, un bon travailleur, il s'étourdit en cherchant des solutions sur Internet, en en faisant encore plus ou en fuyant la situation familiale. Il est facile de se perdre dans notre ère de haute vitesse. Cependant, si on se tourne vers l' être pour se questionner et trouver les réponses à certaines situations, on va découvrir toute la complexité de l'être humain: ses valeurs, ses croyances, sa perception, son passé, ses pensées, ses émotions, ses réactions, ses sensations, son corps, ses malaises ainsi que ses antécédents biologique, psychologique et social.

L'humain est un être de paroles et de relations. C'est à travers la relation aux autres (parents, frères et sœurs, grands-parents, amis, éducatrices, etc.) que l'enfant grandit et apprend à parler, à marcher, à jouer, à socialiser pour s'affranchir par la suite et être une personne libre de penser, de réfléchir et de choisir ce qu'il y a de mieux pour elle. Comme le mentionne Monique Brillon, « la relation d'amour entre le nourrisson et ceux qui prennent soin de lui joue un rôle fondamental dans le développement de la capacité de penser. Cela montre à quel point l'être humain est avant tout un être de paroles, d'échanges et de relations[1] ».

Plusieurs études démontrent également l'importance des relations d'amour pour la survie et le développement de l'enfant. Depuis les années 1980, avec les nouvelles technologies médicales, beaucoup de bébés prématurés survivent. Des expériences ont démontré que ceux portés en position kangourou, c'est-à-dire que le parent porte son bébé sur son thorax, peau contre peau, de façon régulière et répétée, récupéraient plus rapidement et plus efficacement que les autres[2]. Par ailleurs, dans les premiers orphelinats modernes, vers le milieu du XXe siècle, on ordonnait aux infirmières, par crainte des maladies contagieuses, de ne pas toucher les enfants ni de jouer avec eux. Malgré les soins impeccables qu'ils recevaient, 40 % de ceux qui attrapaient la rougeole en mouraient comparativement à moins de un enfant sur cent vivant dans leur famille[3]. C'est donc dire l'importance des relations pour que le bébé grandisse et se développe sainement.

L'enfant et l'environnement

Histoire de complexifier les choses, comme l'être humain sait si bien le faire, replaçons l'enfant dans son environnement. Françoise Dolto, psychanalyste de renom, disait que l'enfant est issu de l'inconscient de ses deux parents, ce qui marque déjà son histoire. Cela veut dire que le père et la mère projettent à leur enfant, bien inconsciemment, leurs propres antécédents familiaux. À qui fait-il penser ? On parle souvent des ressemblances physiques de l'enfant à son père ou à sa mère ou à d'autres proches parents sans réfléchir davantage. Par contre, lorsque je demande aux parents qui me consultent pour leur enfant à qui il ressemble, j'entends ce genre de réponses : au grand-père qui est borné, à la grand-mère qui mentait, à la tante avec qui on a vécu des conflits, à la grande sœur qui était jalouse, au grand-oncle maternel qui n'a jamais rien fait de sa vie, au petit frère qui a coupé les ponts avec la famille et qu'on ne veut plus voir, à un enfant décédé en bas âge, au frère qui s'est suicidé, etc. Cela montre bien que l'aspect psychologique est tout de même présent même s'il est plus facile de parler du physique.

Il y a aussi, à travers ces réflexions, le besoin de filiation, de sentir que l'enfant appartient à une lignée ascendante. Ces ascendants ont nécessairement une influence sur celui-ci ainsi que la façon dont le parent le perçoit. Dans ce contexte, deux tendances se dessinent : ou bien les parents reproduisent les mêmes attitudes que leurs propres parents, ou bien ils font complètement l'inverse. Je rencontre régulièrement des parents en consultation qui font avec leur enfant exactement le contraire de ce qu'ils ont vécu parce qu'ils en ont souffert; par exemple, une autorité rigide et sévère devient un laisser-aller permissif. Il y a aussi des conflits entre le père et la mère à propos des valeurs éducatives opposées et un vécu très différent. Ainsi, une femme ayant vécu avec des parents alcooliques et qui devait se débrouiller seule et un homme ayant vécu avec des parents surprotecteurs peuvent s'opposer quant au développement de l'autonomie de leur enfant.

L'idéal ne se trouve pas dans une attitude parentale extrême, mais plutôt dans la prise de conscience de ce qu'on fait et pourquoi on le fait. C'est là que se trouve la vraie liberté, celle qui permet de choisir les gestes qu'on veut faire, les valeurs qu'on veut transmettre, l'héritage qu'on veut laisser à ses enfants à l'intérieur de ses propres limites. Vous trouverez d'ailleurs aux pages suivantes deux graphiques qui illustrent et résument cette complexité humaine.

Le système familial

On trouve ici la composition familiale et tout ce qui influence la communication à l'intérieur de celle-ci ainsi qu'à l'extérieur. On peut voir comment les messages peuvent être brouillés, puisque chacun est porteur de plusieurs éléments. On pourrait dire que plus la zone de chacun est bien définie, plus il y a de chances que la communication soit claire.

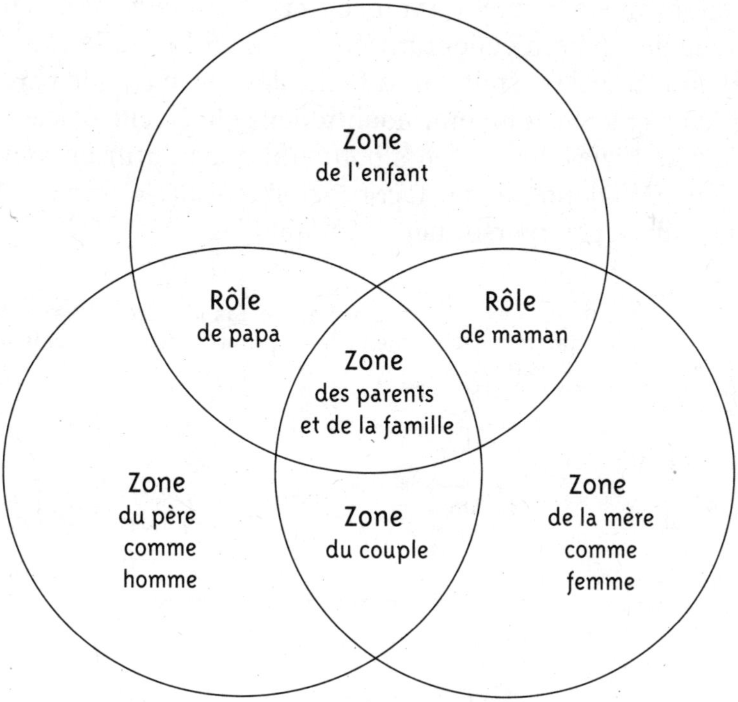

CONTEXTE ET ENVIRONNEMENT

Chacun des trois, enfant, homme et femme, est influencé par sa perception, ses émotions, ses pensées, ses croyances, son vécu, ses valeurs, ses réactions et son passé.

Le génogramme

Le génogramme est la représentation graphique d'une famille, le plus souvent sur trois générations, un peu comme l'arbre généalogique. Il s'agit d'un outil de travail et de prise de conscience puissant, puisqu'il illustre la qualité des liens qui unissent les membres. Je pense à cette jeune fille qui est venue me consulter et qui m'a dit, après avoir fait son génogramme, qu'elle avait été frappée de voir comment la famille de son père et celle de sa mère étaient différentes. Dès lors, elle comprenait pourquoi il lui était plus difficile de vivre chez son père et, par le fait même, il lui était maintenant plus facile d'accepter certaines règles. Les parents pourront donc l'utiliser comme un jeu ou l'adapter à leur façon, selon leur désir, afin de cheminer sur le plan personnel ou familial.

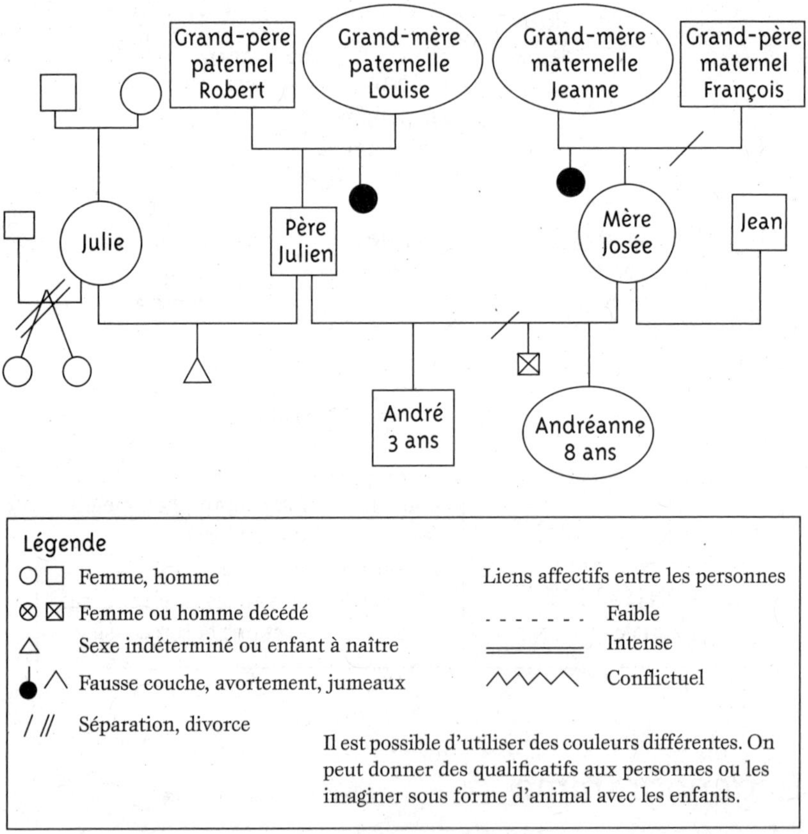

Il y a autant d'exemples ou de situations particulières que d'êtres humains sur terre. Chacun est unique, chaque situation est unique ; par conséquent, il n'y a pas une seule réponse ou un truc magique pour modifier une situation familiale. C'est plutôt par l'effort constant des parents à comprendre, à réfléchir, à se questionner sur soi, sur l'autre et sur la situation qui apportera le succès !

C'est à travers différentes mises en situation du quotidien, tirées de ma pratique, de mes lectures et de ma vie personnelle, que j'aborderai les différents rôles des parents. Sans donner de recettes toutes faites, ni en ayant la prétention d'avoir *la* réponse absolue, je tenterai de répondre aux inquiétudes et aux interrogations des parents d'aujourd'hui, en amenant des pistes de réflexion et d'intervention. En fait, ce livre se veut un outil de prévention et de soutien aux parents à une époque où ceux-ci peuvent se sentir isolés et peu valorisés par ce rôle pas toujours facile.

PREMIÈRE PARTIE

La communication dans la relation parent-enfant

La vie est comme une promenade en vélo.
Pour garder votre équilibre,
vous devez rester en mouvement.

Albert Einstein

1

La communication

Il est difficile d'aborder la relation parent-enfant sans passer par la communication. Nous ne pouvons être en relation sans communiquer, et même sans parler, nous communiquons : nos yeux, notre posture, notre attitude, notre index pointé vers le haut, notre sourire, nos soupirs, etc. Comme je l'ai mentionné dans l'introduction, l'être humain est complexe et unique. Il est donc facile de vivre des malentendus qui peuvent dégénérer en conflits. C'est pour cette raison que, dans ce chapitre, je vais aborder ce thème si nécessaire afin de développer ou d'entretenir des relations de confiance. Débutons par une vignette clinique. Il s'agit d'une histoire entre une mère et son fils dans laquelle on trouve plusieurs éléments qui viennent « polluer » leur communication. Par la suite, avec le recul, d'autres éléments viennent faire tourner la situation conflictuelle en une fin agréable pour les deux. C'est à partir de cette situation que nous élaborerons plus loin les bases de la communication au quotidien.

Mise en situation

Josée, mère de Tomy, âgé de cinq ans, avait organisé une sortie pour toute la journée. Avant le départ, elle voyait bien que son fils ne faisait aucun effort pour retrouver ses chaussures. Pressée par le temps, elle entendait dans sa tête la voix de sa meilleure amie qui lui disait : « Si tu n'aides pas ton fils à se ramasser maintenant, ça ne fera qu'empirer. Tu vas voir à l'adolescence ! » C'est à ce moment qu'elle commença à reprocher à son fils son incapacité chronique à ranger ses affaires, ce qui les mettait toujours en retard. Tomy s'assit alors par terre, croisa les bras et prit un air d'enfant battu et mal compris au bord de la crise de nerfs. À bout de nerfs, Josée, elle-même tendue en raison de la situation familiale, décida de sortir sans lui, pour ne pas être manipulée encore une fois par son fils.

Assise dans sa voiture, elle prit une bonne respiration et entra en contact avec elle-même. Elle était en colère et tendue, encore plus à présent qu'elle réalisait que le reste de la journée et, fort probablement, de la fin de semaine, allait être gâché par cet incident. Après avoir pris conscience de ses émotions et s'être calmée, une autre façon de voir la situation se présenta à elle : et si la nonchalance de Tomy ce matin n'était pas son problème habituel de rangement, mais l'expression de son désarroi face au divorce de ses parents ? Elle s'imagina un instant à sa place, comme une petite fille de cinq ans désorientée, incapable de trouver les mots pour exprimer sa peur et sa tristesse. Elle pensa aussi comment elle aurait réagi si sa mère, dans de telles circonstances, ne l'avait pas comprise et s'était fixée sur une chose aussi accessoire que des chaussures qui n'étaient pas rangées à la bonne place... Quel exemple donnait-elle à son fils ? Voulait-elle qu'il apprenne à gérer des conflits en claquant les portes, comme elle venait pratiquement de le faire ? Il lui parut alors évident qu'elle devait prendre le risque de perdre la face et de rentrer à la maison parler à Tomy.

« Je suis désolée de m'être emportée. Au fond, notre sortie n'est pas si importante que ça. Parlons plutôt de ce que ton attitude essayait d'exprimer. Je crois que tu es un peu triste et que c'est normal dans la situation où nous sommes, papa, toi et moi. Quand on est triste, on a souvent du mal à ranger ses choses. Moi, je suis triste aussi, et c'est pour ça que je m'énerve trop vite. Mais si toi et moi le savons, alors nous pourrons traverser tout cela plus facilement... »

Tomy leva son visage vers elle et fondit en larmes. Josée le prit contre elle et le serra dans ses bras. Peu de temps après, il souriait à nouveau et ils passèrent ensemble une journée délicieuse pendant laquelle Tomy se montra plus organisé et plus attentif que jamais[4]...

2

Les éléments polluants de la communication

Voilà une belle histoire qui finit bien ! Ce n'est malheureusement pas toujours ainsi. Voyons maintenant d'un peu plus près les éléments qui viennent polluer la relation parent-enfant pour ensuite aborder les éléments qui aident à la communication au quotidien.

Le stress, les émotions et le jeu

Tout d'abord, on voit bien comment une situation stressante pour une famille peut affecter émotionnellement tous les membres, chacun à sa façon. Dans l'histoire décrite précédemment, l'agent stressant est le divorce des parents. Des situations de stress, il y en a de toutes les sortes, tant positives que négatives, allant du décès d'un des grands-parents au mariage des parents en passant par la naissance d'un deuxième enfant ou de l'obtention d'un emploi tant désiré (certaines situations seront d'ailleurs abordées plus spécifiquement dans les chapitres ultérieurs). Ces événements apportent leur lot d'émotions plus ou moins exprimées, certaines conscientes et d'autres inconscientes, qui mobilisent notre énergie et rend le corps et l'esprit moins disponibles à vivre le moment présent.

Dans ces situations, une des réactions saines de l'enfant consiste à chercher à évacuer ce qu'il vit à travers le jeu. Exercice que nous, adultes, avons un peu oublié... mais pas trop, puisque plusieurs arrivent à s'exprimer par le jeu soit en s'assoyant tout simplement pour jouer avec leur enfant, soit en faisant du dessin, de la peinture, soit en créant un texte d'humour, etc. Comme l'enfant n'a pas acquis les mêmes capacités que l'adulte sur les plans de la parole et de la pensée, il a besoin d'évacuer ses tensions et d'exprimer ce qu'il vit à travers des jeux symboliques tels que faire parler des bonshommes, inventer des histoires ou des amis imaginaires, jouer au combat de fusil, faire des voitures en pâte à modeler qui vont se heurter, dessiner des personnages qui font peur... Ces jeux permettent à l'enfant de s'exprimer et d'extérioriser ce qu'il vit de l'intérieur. On peut donc dire que plus un enfant joue, plus il s'adapte à son quotidien et maintient un équilibre. Ainsi, il est possible que lorsque le parent voit l'heure qui avance et doit se dépêcher à partir, l'enfant se trouve, bien innocemment, dans une position où toute son attention est centrée à chercher le prochain jeu qui lui permettra de s'exprimer. Deux planètes distantes qui ont de la difficulté à communiquer !

Le jugement et l'inquiétude

Toujours en rapport avec l'histoire mentionnée précédemment, avant que la situation dégénère et que la mère commence à faire des reproches à son fils, elle entend dans sa tête la phrase de son amie concernant le désordre de son fils: « Si tu n'aides pas ton fils à se ramasser maintenant, ça ne fera qu'empirer. Tu vas voir à l'adolescence ! » À partir de cet instant, la mère sent la colère monter en elle.

C'est souvent le jugement des autres ou la pression sociale qui amènent les parents à se remettre en question, à avoir des inquiétudes, à ne remarquer que le comportement négatif de leur enfant et à voir le pire en oubliant l'être qui est derrière, ce qui amène des conflits. Je rencontre régulièrement des parents qui croient que leur enfant n'est pas normal, qu'il a un problème ou encore qu'il est en retard dans son développement parce que l'entourage (amis, parents, grands-parents, voisins...) leur envoie des messages en ce sens. Nous avons tous entendu ce genre de phrases: «Si c'était mon enfant, je ferais ceci ou cela», «Cet enfant-là n'est pas tenable», «Il porte encore des couches!», «Eh bien moi, mon enfant a fait telle chose à tel âge!», «C'est un enfant sauvage et renfermé», «Avec ses sautes d'humeur, il me fait penser à ta tante qui est maniacodépressive», «Elle est comme ma sœur qui est devenue anorexique!», «Il a la tête dure comme son père!», «Il est donc bien agressif!».

Il est certain que la société nous aide à grandir et nous apprend beaucoup, car c'est au contact des autres que l'on peut confronter nos idées, nous remettre en question, développer notre esprit critique et notre identité. Malheureusement, il arrive régulièrement que le jugement des autres ou la pression sociale amènent les parents à en demander trop à l'enfant en oubliant leur contexte et leur histoire dans lequel il s'inscrit. À ce moment, les parents passent à côté de beaux moments qu'ils pourraient partager avec leur enfant et développer une complicité dans une étape de vie. Les parents s'acharnent alors à vouloir que l'enfant se conforme à l'image demandée, ce qui entraîne une bataille entre l'enfant et les parents dont l'objet est à l'extérieur de la relation.

Il est tout à fait sain pour les parents d'avoir des exigences envers leur enfant, car c'est un des éléments qui aide l'enfant à grandir et à vouloir gravir les étapes pour devenir adulte. Ne serait-ce que de montrer à l'enfant qu'il est important pour nous qu'il devienne propre, qu'il ait des amis, ou encore qu'il respecte les règles de la société. Par contre, lorsque l'objet devient une bataille interminable, nous sommes alors en présence de deux enfants qui se battent et non d'un parent qui tente d'enseigner quelque chose à son enfant ou de comprendre ce qui se passe. Nous verrons un peu plus loin comment aider le parent à se sortir d'une bataille avec son enfant.

Je dis souvent aux parents que je rencontre qu'il est normal d'avoir des inquiétudes. C'est à partir du moment où le bébé est installé dans l'utérus de la mère que les questions fusent: « Va-t-il être normal? », « Devrions-nous le faire vacciner? », « À qui va-t-il ressembler? J'espère que ce sera de mon côté car je ne voudrais pas qu'il ait telle maladie comme dans ta famille », « Il n'a pas pris suffisamment de poids, il est en dessous de la courbe normale, qu'est-ce que je devrais manger pour l'aider? », « Le médecin a dit qu'il fallait passer d'autres examens car, selon l'échographie, son tour de tête est anormalement plus élevé. Est-ce qu'il pourrait être trisomique? », « Selon les mesures, les spécialistes ont dit qu'il serait un gros bébé. Est-ce que nous devons penser à la césarienne? ». Derrière toutes ces questions se cache une des fonctions fondamentales des parents: la protection. Protection contre la maladie, la souffrance physique et psychologique de leur enfant.

En écoutant les gens parler autour de moi, je constate un taux élevé d'anxiété chez les parents, de grossesses à risque et d'hospitalisation chez les femmes enceintes. Je trouve très préoccupante cette anxiété qui ne semblait pas aussi présente dans les générations précédentes. Est-ce le développement des technologies qui permet de voir tous les risques possibles chez le fœtus plutôt que les aspects positifs? Est-ce la transmission des informations médicales avec toutes les statistiques et les courbes normales de développement qui augmente cette anxiété parentale? Est-ce le statut de parent qui est difficile alors que la performance, la perfection et le besoin de reconnaissance prennent beaucoup de place dans notre société? Il n'y a pas une bonne réponse, mais il serait profitable pour les parents qui vivent de l'anxiété par rapport à leur rôle de se questionner pour trouver un sens à celle-ci et ainsi pouvoir la gérer et éviter de la transmettre à leur enfant. En faisant cela, selon moi, les parents seraient à même d'exercer leur pleine fonction de protection envers leur enfant.

D'autres inquiétudes surviennent avec l'entrée à l'école de l'enfant. J'ai entendu dernièrement l'histoire d'un garçon qui avait commencé la maternelle et dont l'enseignante, au bout d'un mois, exigeait qu'il soit vu par un psychologue pour cause d'hyperactivité. Cet enfant n'avait jamais éprouvé de difficultés lorsqu'il était en garderie, mais il vivait une période d'adaptation en même temps que la maladie d'un des grands-parents significatifs. Heureusement que les parents croyaient aux capacités d'adaptation de leur enfant et étaient sensibles à son vécu émotif, sinon ils auraient glissé dans cette pression sociale où l'on demande la conformité. Attention ! Je ne dis pas que je suis contre le Ritalin, au contraire. Je crois qu'il peut être très bénéfique à ceux qui en ont besoin. Toutefois, il faut apporter des nuances et voir chaque situation et chaque enfant dans sa globalité, son histoire, son contexte de vie pour pouvoir prendre les décisions le plus éclairées possible.

Le reproche, l'accusation, la généralisation et l'anticipation négative

Un autre aspect de l'histoire précédente concerne le moment où la mère se met à reprocher à l'enfant son « incapacité chronique à ranger ses affaires, ce qui les mettait toujours en retard ». Le fait de reprocher quelque chose à l'autre, de généraliser son comportement ou de mettre l'accent sur l'aspect négatif futur du comportement actuel provoque assurément le retrait, le repli de celui-ci et le risque de couper la communication.

Ce n'est pas simple de modifier notre façon de communiquer. Lorsque les émotions nous submergent, notre cerveau va puiser dans notre mémoire affective les réactions et les mots qui y sont enregistrés, ce qui amène des comportements presque réflexes. Par contre, au fur et à mesure que nous devenons conscients de nos réactions à modifier et de nos comportements spontanés qui nuisent à nos relations, la moitié du travail est fait. Ainsi, nous devenons plus en contrôle de nos comportements négatifs et à la recherche de nouveaux comportements plus constructifs. Il est certain que cette recherche de nouvelles attitudes se fait de façon active, parfois consciemment, parfois inconsciemment, grâce à des livres, à des documentaires, à des échanges avec des amis, à l'observation de personnes significatives auxquelles nous nous identifions.

Puis, il y a le facteur temps à prendre en compte de même que les rechutes possibles. Intégrer un nouveau comportement demande du temps et de la patience. Cela peut s'étaler sur des mois, voire des années, selon l'ampleur du comportement et de son enracinement. En effet, on peut voir réapparaître à l'occasion l'ancien comportement accompagné d'un sentiment de frustration et de découragement. Je pense, entre autres, à une personne que j'ai suivie en thérapie et qui, au bout de plusieurs mois de travail, arrive à sa séance, paniquée, croyant n'avoir rien résolu et annulant tout le travail qu'elle avait fait sur elle-même les mois précédents. « Avec ce qui est arrivé en fin de semaine, cela veut dire que je n'ai rien réglé et que j'ai encore beaucoup de travail à faire ! C'est décourageant... » En fait, on peut comparer cette situation à un enfant qui apprend à marcher. Au début, il fait quelques pas, puis trébuche, mais nous sommes fiers de ses premiers pas et lui aussi, ce qui lui donne l'élan de poursuivre. Par la suite, il développe sa motricité, trébuche de moins en moins souvent et devient de plus en plus sûr de lui jusqu'au jour où il se sent assez solide et en confiance pour s'attaquer à un nouveau défi dans son développement et se mette à courir. Cela veut donc dire que développer des nouvelles attitudes amène inévitablement à trébucher à l'occasion, ce qui donne le coup de pouce nécessaire pour continuer d'avancer. À ce moment, on passe d'un mode réactionnel à un mode relationnel[5].

Pause : Arrêtez... respirez... digérez...

3

Les attitudes communicationnelles fréquentes entre le parent et l'enfant

Pour modifier des attitudes, il faut d'abord et avant tout être conscient de ses comportements réflexes qui nuisent à la relation. Voici une liste non exhaustive des attitudes les plus fréquemment observées dans les relations parent-enfant.

Faire des généralisations en utilisant les mots « toujours » et « jamais »

C'est le cas, par exemple, lorsque le parent reproche à son enfant de ne *jamais* vouloir parler de sa journée ou lorsqu'il lui dit: « Tu veux *toujours* tout avoir ! » Ces généralisations enferment l'enfant dans des comportements négatifs et amènent à voir la situation comme un problème plutôt qu'un défi à relever. Avant de parler, ou après si c'est trop tard, le parent peut se demander si cela arrive tous les jours et vraiment chaque fois ou à l'occasion. Ainsi, cela permet de relativiser la situation. Si le comportement de l'enfant se produit réellement chaque fois que la situation se présente, alors il sera utile pour le parent de l'aborder comme un problème qui se répète et une difficulté à surmonter avec l'enfant. Il s'agit donc de trouver un moment avec lui pour en discuter ou établir un plan de match.

Parler sous le coup de la colère ou de la frustration

C'est dans les moments où l'émotion est à son comble qu'on dit ou fait des choses qu'on regrette par la suite. Les enfants sont excellents pour trouver les « détonateurs de la colère » et faire réagir les parents. Comme ils n'ont pas atteint la capacité de contenir les émotions et que ce n'est tout simplement pas leur rôle, si le parent n'arrête pas l'escalade d'action et réaction, il s'ensuivra alors des punitions démesurées qui ne tiendront pas le coup étant donné le sentiment de culpabilité ou qui n'enseigneront rien à l'enfant.

« Tu...tu...tu... »

C'est le cas, par exemple, du parent qui dit à son enfant : « Tu aurais pu faire attention ! » ou « Tu aurais dû y penser ou en parler ». C'est ce que Jacques Salomé, psychosociologue, appelle la relation klaxon : tu... tu... tu... Ces paroles ne font que « taper » sur l'enfant et augmentent le sentiment de culpabilité. La plupart des gens portent en eux ce sentiment de culpabilité. Il est sain lorsqu'il permet à la personne de reconnaître ses erreurs et d'apprendre de celles-ci pour continuer d'avancer dans la vie. Par contre, si ce sentiment prend trop de place, il peut nuire à la relation aux autres, faire en sorte que l'enfant se replie sur lui-même d'autant plus qu'il est en pleine construction de son estime de soi.

Donc, lorsque l'enfant reconnaît déjà sa culpabilité face à un comportement ou se sent mal de quelque chose qu'il a fait, pourquoi ne pas chercher plutôt à nommer les émotions présentes, soit celle du parent (fâché, déçu) et celle de l'enfant.

Chercher à convaincre

Penser qu'on a raison et l'autre tort, vouloir que l'enfant dise comme le parent ou approuve ce qu'il dit, c'est passer à côté de ce que l'enfant peut vivre ou exprimer par son comportement. Ce qui amène parfois les parents à ne plus écouter leur enfant, mais plutôt préparer leur propre réplique ou encore tenter de prédire à l'avance ce que l'enfant va dire.

Revenir sur le passé lorsque c'est réglé

Parfois, le parent est plus rancunier que l'enfant et, bien innocemment, il va ranimer un problème qui était réglé en lui disant, par exemple: «Tiens, te voilà de meilleure humeur que ce matin!» Ce qui ne fait que ramener l'enfant dans le conflit ou les émotions déjà passées. Cela ne veut pas dire qu'il ne faille pas revenir sur des conflits non réglés. Toutefois, lorsque le sujet a été abordé abondamment ou encore que l'enfant a vécu la conséquence, il est sain de passer à quelque chose de plus plaisant et de plus joyeux.

Banaliser, minimiser, culpabiliser

Souvent, l'émotion de l'autre est dérangeante et l'un des premiers réflexes pour contrer notre sentiment d'impuissance face à cette souffrance consiste à la banaliser; par exemple: «Pleure pas pour ça, ça n'en vaut pas la peine», «C'est pas si grave que ça», «Fais-en pas tout un plat!». Parfois, devant la colère de l'enfant, parce que notre société nous a programmés à réprimer la colère, un des réflexes est de le culpabiliser («C'est normal, tu oublies toujours tes affaires...») ou encore de lui imposer un interdit («Ne dis pas ça de ton professeur, c'est méchant!»).

Humilier, ridiculiser, juger

Souvent, nous avons intégré des comportements issus de situations avec nos parents, enseignants, voisins, amis, frères et sœurs, où nous avons été ridiculisés, humiliés dans nos actions, ce qui peut nous amener à les répéter inconsciemment ou à figer lorsque notre enfant le vit. C'est le cas, par exemple, de l'enfant qui ne comprend pas une blague qui a été faite et qui croit qu'on rit de lui, de celui qui se fait agacer par un plus vieux qui continue la blague malgré les demandes d'arrêter, de celui qu'on présente comme « mon maladroit », « le retardataire du groupe » ou, avec ironie, « Bravo ! Tu as réussi à tout gâcher encore une fois ! », « Il ne fera jamais rien de bon dans la vie ! ». Toutes ces paroles ont été blessantes pour l'enfant devenu adulte et affectent celui qui a un petit Moi en construction.

Moraliser, sermonner

Il m'arrive de voir des enfants se boucher les oreilles parce qu'ils ne veulent plus entendre ce que le parent dit après un certain nombre de phrases ou de mots. Je vois également des anciens enfants me raconter que lorsque leurs parents les sermonnaient, puisqu'ils devaient rester présents et les regarder dans les yeux, ils finissaient par entendre dans leurs oreilles : « Bla... Bla... Bla... » Il faut savoir que faire la morale ou sermonner un enfant ne l'aide pas à devenir responsable de ses actes. Souvent, avouons-le, en agissant ainsi, nous voulons que l'enfant reconnaisse sa faute et s'en repente. Il peut finir par le faire, mais ce sera probablement pour faire plaisir ou encore pouvoir passer à autre chose et acheter la paix. À long terme, les risques sont la perte de confiance, le repli ou l'aggravation des problèmes.

Ordonner

Il est très fréquent d'utiliser cette attitude dans le quotidien, surtout pour les adultes qui ont besoin de propreté, d'ordre, de contrôle. Il est effectivement rassurant d'avoir un certain contrôle sur notre environnement et sur notre apparence (chaque chose à sa place afin de ne pas avoir à enjamber des objets non identifiés par terre, pouvoir faire tout ce que nous avions prévu à l'horaire et dans l'ordre donné...). Nous croyons qu'en donnant des ordres à l'enfant, ce sera plus rapide; par exemple: «Ramasse tes vêtements tout de suite!», «Tu fais tes devoirs maintenant!», «Viens brosser tes dents!». Les réactions de l'enfant à court terme seront soit la soumission, soit l'évitement, soit la rébellion. Toutefois, la soumission ne dure qu'un temps; rapidement, l'enfant cherche à se soustraire à cette domination, se ferme, n'entend plus et pourrait finir par se rebeller ouvertement. Ainsi, nous ne développons pas l'autonomie de l'enfant, mais plutôt notre côté perroquet qui répète et répète les mêmes commandements.

Tout expliquer, répondre à toutes les questions

Devons-nous vraiment répondre à toutes les questions que pose l'enfant? Cela peut être valorisant pour un parent d'expliquer et de répondre à l'enfant qui a soif d'apprendre. Toutefois, cela le place dans une position passive et l'adulte, dans une position de «celui qui sait tout». L'enfant a besoin d'apprendre à réfléchir par lui-même, à développer son autonomie et à être plus actif dans ses réflexions. Bien souvent, l'enfant revient avec les mêmes questions, car les réponses ne viennent pas de lui. Il y a aussi de ces moments où il utilise ces questions pour passer sa frustration, et ces situations sont vécues comme agressantes et redondantes par le parent; par exemple, lorsqu'il répète à plusieurs reprises: «Pourquoi je dois brosser mes dents?», «Pourquoi c'est toujours toi qui décides?», «Pourquoi je dois mettre mon chapeau pour aller dehors?»

Réflexion

Quelles sont mes attitudes spontanées les plus fréquentes?
Moi:
Mon conjoint:

Pause: Arrêtez... respirez... digérez...

4

Les éléments de la communication favorisant la relation

Après avoir énuméré quelques comportements « durement appris » au fil des années, donnons-nous maintenant des repères afin d'acquérir d'autres attitudes qui peuvent nous aider à mieux vivre au quotidien avec les enfants, à mieux les comprendre pour mieux nous entendre. Nous avons vu dans notre mise en situation comment certains éléments venaient brouiller la relation entre la mère et son fils. Voyons maintenant les éléments qui les ont aidés à bien finir leur journée.

Donner un sens au comportement

Après que la mère a jeté le blâme sur son fils, la réaction de ce dernier a été de s'asseoir par terre et de croiser ses bras, une position plutôt décidée. De prime abord, nous pourrions réagir comme la mère et être tentés de juger l'enfant, de le faire bouger. Toutefois, voyons plutôt la réaction de ce dernier comme un comportement sain qui vient exprimer quelque chose. L'enfant est en réaction, il réagit à quelque chose. Son attitude vient dire sa mère : « Holà ! maman, c'en est trop, ça ne va pas et il faut que ça arrête ! »

Dans ce genre de situation, on peut se demander : « Qu'est-ce que tu essaies de me dire et que je n'arrive pas à comprendre ? »

De cette façon, on est moins tenté d'accuser l'autre, mais plutôt de voir ce que sous-tend le non-verbal de l'enfant, étant donné qu'il a de la difficulté à utiliser les mots pour s'exprimer et dire ce qu'il ressent. On peut poser cette question à l'enfant ou se la poser à soi-même. Elle aura le même effet, soit d'arrêter l'escalade dans laquelle on est entré à notre insu. Je sais qu'il est plus facile de chercher à arrêter le comportement de l'enfant, qu'il fasse ce qu'on lui demande et étouffer ce qui est présent dans la relation. Il y a moins de perte de temps et de remise en question, mais les effets de ces réactions sont à court terme.

Par contre, si on recherche des effets à long terme et un investissement dans la relation à l'autre, il est préférable de chercher à comprendre le comportement, à nommer ce qui se passe au moment où ça arrive. Attention aux perfectionnistes ! Il ne faut pas tenter de tout comprendre ni de tout régler puisqu'il faut vivre et laisser vivre. Si être parent et éduquer un enfant, c'est partir à l'aventure, on pourrait comparer cette expérience à celle d'apprendre à écrire. Il faut beaucoup d'essais, être constant, avoir une certaine volonté et se rappeler que ça ne se fait pas en une journée !

Prendre ses distances ou un temps d'arrêt

Dans les réactions constructives qu'a utilisées Josée pour se tirer d'affaire au début de sa journée, la première a été de sortir, c'est-à-dire prendre ses distances pour mieux comprendre ce qui se passe. Je ne dis pas qu'il faille partir à tout moment de la relation ou de laisser l'enfant seul. Toutefois, lorsque l'émotion monte ou qu'une situation dégénère, il faut prendre un temps d'arrêt afin de réfléchir à la situation. Si les circonstances ne permettent pas de vous éloigner immédiatement, soit parce que vous êtes seul avec votre enfant ou encore que le lieu physique ne s'y prête pas, vous pourrez reporter ce moment de réflexion et de discussion.

Prendre vos distances peut se faire de plusieurs façons: changer de pièce pour vous retrouver seul un moment, aller dehors et y faire des travaux que vous aimez en laissant venir la réflexion, parler à un ami, discuter de la situation avec votre conjoint, écrire ce qui vient de se passer ou ce qui vous habite, peindre en vous laissant habiter par les émotions, lire un livre sur le sujet, parler à un professionnel...

Laisser aller les situations sans jamais y réfléchir ni y revenir, c'est comme se retrouver dans un combat de boxe où on donne des coups, on en reçoit, on cogne dans le vide et on esquive des coups. Cependant, plus le combat avance, plus les boxeurs s'épuisent.

Dans les moments de réflexion, plusieurs angles peuvent être considérés:

- La situation ou la scène: Voir ce qui s'est passé et comment cela a commencé. Décrire les faits, ce qui pose un problème. Est-ce répétitif et, si oui, dans quelles circonstances cela se reproduit-il?
- Moi: Comment ai-je réagi? Quelles sont mes émotions et qu'est-ce que cela me fait vivre? À quoi ou à qui cela me fait-il penser? Qu'est-ce que cela fait remonter en moi ou qu'est-ce que ce comportement éveille en moi?
- L'autre (l'enfant et toute autre personne): Comment a-t-il réagi? Qu'est-ce qu'il vit en ce moment? Comment me sentirais-je si j'étais à sa place? Qu'est-ce que son comportement essaie de dire? Vit-il des changements (déménagement, école, changement de groupe...)? Est-il dans une période normale de régression dans son développement ou cherche-t-il à vérifier quelque chose?

Il y a plusieurs aspects qui peuvent ressortir dans ces moments de réflexion. En outre, il faut préciser que ce ne sont pas toutes ces questions qui doivent être traitées; elles ne servent que de piste de réflexion. Par contre, pour bien faire ses devoirs, le parent doit regarder dans trois directions différentes: en soi, chez l'enfant et dans la relation (ou la situation).

Réfléchir sur l'éducation

Un autre élément important à considérer lorsque l'on désire avancer dans l'éducation de ses enfants est de se poser la question suivante: «Qu'est-ce que mon comportement enseigne à mon enfant et est-ce que cela correspond à mes valeurs éducatives?» Comme dans notre histoire, lorsque Josée réfléchit à l'exemple qu'elle veut donner à son fils: veut-elle qu'il apprenne à gérer les conflits en claquant les portes, comme elle venait pratiquement de le faire?

En psychologie, nous savons que les enfants apprennent beaucoup en observant et par imitation, ce que le psychologue Albert Bandura a nommé «apprentissage vicariant»[6]. Les familles où l'on dit: «Faites ce que je dis et pas ce que je fais!» en sont un bon exemple, car les enfants n'écoutent pas la demande du parent mais reproduisent ce qu'ils voient. Ainsi, si le parent dit à son enfant de ne pas crier mais qu'à la moindre frustration celui-ci parle lui-même très fort et sans s'en excuser, il y a de fortes chances que l'enfant continue à crier puisqu'il va retenir le comportement plutôt que la parole. On sait, grâce aux recherches faites en communication, que ce qui est transmis par le non-verbal (gestes, ton de la voix, expression du visage...) est davantage retenu (93 %) par celui qui reçoit le message que le verbal (les mots), soit 7 %[7].

Pardonner

Un autre aspect qui va aider la relation parent-enfant est si le parent accepte d'être un adulte imparfait, qu'il se donne le droit à l'erreur et cesse de vouloir montrer une image de toutpuissant à l'enfant. Dans notre mise en situation, la mère se dit qu'elle doit «prendre le risque de perdre la face» et parler à son fils en s'excusant. La majorité des parents d'aujourd'hui ont grandi dans des milieux autoritaires où le droit de parole était réservé aux parents et aux adultes qui détenaient la vérité. Ceux-ci ne remettaient pas en question leur intervention éducative ni ne s'excusaient auprès d'un enfant car c'était mal vu. Ces enfants, devenus parents aujourd'hui, ont gardé ce genre de comportements. Aller vers une communication authentique, c'est d'abord reconnaître pour nous-mêmes que nous ne sommes pas parfaits, que nous n'avons pas le contrôle sur tout et que nos enfants peuvent nous apprendre beaucoup sur nous-mêmes si nous acceptons de nous regarder bien en face.

Il y a aussi le mythe de l'enfant parfait, de la famille parfaite, de la maman parfaite... qui semble difficile pour plusieurs à se débarrasser. Se donner le droit à l'erreur comme parent est bénéfique pour l'enfant, car on lui apprend aussi qu'il a le droit de ne pas être parfait. Quelle pression inutile qu'on s'enlève à soi et à l'enfant ! S'excuser d'un comportement qu'on a eu, de quelque chose qu'on a fait dont on n'est pas fier, cela demande une dose d'humilité et de courage, mais cela ouvre grandes les portes de la communication avec son enfant, ce qui amène la relation à grandir.

Reconnaître un comportement inadéquat ou une parole enfantine (convenons que nous avons tous gardé des réactions d'enfant en nous !) a un autre avantage : cela libère le sentiment de culpabilité que le parent peut porter en lui après un conflit, sentiment qui peut conduire à en faire plus auprès de l'enfant pour se racheter (par exemple, acheter des gâteries, être plus souple quant à la routine ou à la discipline). Ces réactions provoquent chez l'enfant une incompréhension, un flou. Il n'a plus de repère émotionnel ou comportemental pour les prochains conflits, ce qui risque d'amener les situations problématiques ou conflictuelles à se répéter. Cessons de nous taper dessus comme parents, cela ne sert à rien ! Reconnaissons plutôt nos bons coups et avouons ceux dont nous sommes moins fiers...

Changeons de planète : la reconnaissance et la collaboration

Toujours pour faire suite à notre histoire, après avoir pris une distance, accepté de s'être emportée, s'être excusée et avoir reconnu son impatience auprès de son fils, la mère parle de l'émotion de ce dernier. Elle *reconnaît* ce qu'il peut vivre dans leur situation actuelle de séparation, puis demande sa *collaboration*, deux éléments importants de la communication.

1. Reconnaître l'émotion de l'autre, tenter de la nommer ;
2. Chercher la collaboration de l'enfant afin d'avancer dans la même direction, d'être sur la même planète.

La reconnaissance est un besoin essentiel de tout être humain, tant adulte qu'enfant. Être reconnu comme personne à part entière, comme un petit être différent de ses parents qui a ses propres besoins et émotions ainsi que ses façons bien particulières de les exprimer. Je le constate régulièrement dans mon bureau lorsque je rencontre des couples qui vivent des conflits. Souvent, derrière les accusations, se cache la demande de chacun : « As-tu compris et entendu ce que je vis intérieurement ? » Il en va de même lorsque les parents cherchent à convaincre leur enfant qu'ils ont raison ou qui veulent à tout prix se faire écouter de l'enfant avant même qu'il s'exprime.

Imaginons cette scène : un père qui a eu une journée stressante au bureau est assis à la table avec son fils de sept ans et tous deux mangent tranquillement en regardant une émission pour enfants. Tout à coup, sans faire exprès, l'enfant renverse son verre de lait. Le père se lève d'un bond et ramasse le dégât en demandant à son fils de faire attention, de regarder ce qu'il fait. Après s'être excusé, le fils redemande du lait, le père lui en redonne et ils continuent à manger. Le fils, qui est captivé par son émission, échappe malencontreusement sa fourchette pleine de spaghettis par terre. Le père, en colère, lui lance des bêtises tout en ramassant le dégât. Comme le père a vu comment son fils tenait sa fourchette et comment il a renversé son verre de lait, il se dit qu'il vaudrait mieux lui expliquer pour éviter un troisième dégât… Toutefois, au moment où le père choisit de rectifier la situation et de faire en sorte que le souper se termine bien, l'émission est à son meilleur. Le discours va comme suit :

Père : Est-ce que tu sais pourquoi tu as fait des dégâts ?
Fils : *(Silence, il est absorbé par la télé.)*
Père : Regarde-moi quand je te parle !
Fils : Oui, mais papa…
Père : Il n'y a pas de oui, mais ! Est-ce que tu comprends ?
Fils : Oui, oui…
Père : Vas-tu arrêter d'écouter ton émission et m'écouter à la fin ! »

Dans cette scène, qui a le plus besoin d'être entendu et reconnu dans ce qu'il vit ? Le père ? Non. Le fils ? Non plus. Les deux ! Chacun a besoin d'être entendu et reconnu dans ce qu'il vit ou tente d'exprimer. Par contre, le père, qui est l'adulte, a la capacité de faire quelque chose pour que ça aille mieux. Il ne peut s'attendre à ce que son enfant reconnaisse son émotion ou son exaspération, mais il peut lui-même la nommer et reconnaître ce qu'il vit. Ce n'est pas facile pour l'adulte, encore moins pour celui qui n'a pas eu la chance d'avoir un parent ou un adulte significatif qui a su reconnaître ses émotions ou ce qu'il vivait. Si le parent, ancien enfant, n'a pas eu la chance d'avoir cette reconnaissance, il lui sera difficile de la donner à ses enfants, mais pas impossible. En fait, plusieurs lieux de reconnaissance s'offrent à lui : les amis, les groupes d'entraide, les collègues de travail, le patron, les activités sociales, la psychothérapie, la création de quelque chose comme la peinture ou même l'écriture.

Tentons de trouver d'autres scénarios qui permettraient la reconnaissance de chacun. On pourrait d'abord aider le père à ventiler son stress afin qu'il soit présent à ce qui se passe plutôt que de le projeter sur la situation ou l'enfant. Par la suite, le père aurait le choix de passer un moment avec son fils sans la télé ou, après le premier dégât, de lui annoncer son besoin de lui parler, que cela le met en colère de ramasser deux dégâts et de vérifier si l'enfant est disposé à écouter. Le père pourrait dire, par exemple: «Je vois bien que tu es absorbé par ton émission, mais j'aurais besoin de te parler pendant deux minutes. Es-tu prêt à m'écouter ou on attend à la pause?» Ou bien, de façon un peu plus autoritaire mais avec un choix: «Cela fait deux dégâts que je ramasse. Cela me fâche, alors j'ai besoin qu'on se parle. Je vois que tu es absorbé par la télé, mais peux-tu me regarder et m'écouter pendant deux minutes ou on ferme la télé pendant deux minutes?» Et là, le père doit attendre le choix du fils.

Ici, il n'y a pas un scénario meilleur que l'autre, car cela dépend du besoin du fils, de ses réactions habituelles, de la tolérance du père, de son degré de flexibilité dans certaines situations, de son degré de fatigue, de la discipline et des règles de vie déjà en place entre le père et le fils, etc. Par contre, il est sûr que de parler et de tenter de faire passer un message lorsqu'il y a des distractions autour (bruits, mouvements, télé, musique, ...) ne fait que nuire à la relation, car l'attention de l'enfant sera captée par ce qui bouge autour, non par le message.

Reconnaître la position de l'autre, son émotion ou son point de vue ne veut pas dire être d'accord avec lui. Souvent, les gens croient que le fait de reconnaître ce que l'autre dit ou vit va leur enlever quelque chose à eux, qu'ils devront changer d'idée. Ce n'est pas du tout le cas. Si on prend l'exemple précédent, croyez-vous que le père reconnaît la position de son fils? Dans lequel des scénarios, celui où le père est le moins autoritaire? En fait, dans les deux scénarios, le père reconnaît la position de son fils lorsqu'il constate qu'il est absorbé par la télé, ce qui ne l'empêche pas pour autant d'affirmer son besoin de lui parler mais aussi d'offrir le choix à l'enfant. Dans le premier cas, le choix du moment (« maintenant ou à la pause ») offre un peu plus de souplesse alors que dans le second (fermer la télé ou non) donne un cadre plus rigide et contrôlant à l'enfant. Il n'y a pas un scénario à favoriser, car tout dépend du besoin de l'enfant, de l'exaspération du père et de leur relation déjà établie. Toutefois, ce qui est à développer, c'est cette capacité de reconnaître le point de vue de l'autre, de considérer son besoin ou ce qu'il vit. Et lorsque le parent offre un choix à l'enfant, qu'il soit souple ou plus rigide, il favorise la collaboration.

Chercher la collaboration de l'enfant peut se faire de diverses manières, entre autres, en lui offrant des choix adaptés à sa capacité. Pour un enfant d'âge scolaire qui n'a pas le goût de faire ses devoirs, on pourrait lui dire par exemple : « Crois-tu que ce serait plus facile pour toi de faire tes devoirs avant ou après le repas ? » Pour un enfant de deux ans, qui veut s'affirmer, faire tout lui-même et qui ne veut pas brosser ses dents, on pourrait lui dire : « Est-ce qu'on brosse tes dents ensemble ou toi seul ? »

Avec un enfant de quatre ans qui ne veut pas partir de la garderie lorsque le parent vient le chercher, ce dernier pourrait lui dire : « Je sais que tu n'es pas content d'arrêter ton jeu et de laisser tes amis. Moi, ça me déçoit de voir ta réaction quand j'arrive. Qu'est-ce qu'on pourrait faire pour que cela change ? Moi, je serais prête à te laisser deux minutes de plus. Et toi ? » Dans cet exemple, la mère informe son enfant d'un problème qu'ils ont ensemble. En ce sens, l'enfant se sent directement impliqué et considéré dans la situation problématique et non en dehors de celle-ci, où le parent travaille seul pour que ça change.

Il est fréquent de voir des situations se modifier par le simple fait de nommer une situation problématique et de solliciter la collaboration de l'enfant. Aussi étonnant que cela puisse paraître, on peut utiliser cet outil même avec un bébé. L'effet ne sera pas le même bien sûr, puisque le bébé, jusqu'à environ 18 mois, n'a pas acquis la compréhension du langage, mais il sent les émotions du parent. Donc, si le fait de nommer ce qui est difficile à vivre chez le parent a l'effet de diminuer la tension entre les deux ou de lâcher prise, il est possible qu'il y ait un impact sur le bébé ou la situation difficile. Par exemple, une mère qui doit cesser d'allaiter son enfant pour retourner travailler et pour qui c'est difficile, pourrait dire: «Je sais que c'est difficile pour moi d'arrêter de t'allaiter, mais il le faut. J'aurais besoin que tu m'aides à le faire, graduellement...» La même chose pourrait se dire de la part d'une mère à son enfant qui a de la difficulté à faire ses nuits: «C'est difficile de se séparer pour toute une nuit, mais je commence à être fatiguée et j'aurais besoin que tu m'aides.» Ce n'est évidemment pas magique, mais ce sont des exemples parmi tant d'autres qui peuvent aider. À vous maintenant de faire travailler votre imagination et de trouver votre propre façon de chercher la collaboration de votre chérubin!

5

Charte de la relation parent-enfant

Pour terminer cette première partie du livre qui concerne la communication, donnons-nous une charte d'attitudes à favoriser pour améliorer nos relations avec nos enfants.

Respirer, respirer et respirer!

Quand ça ne va pas, que vous êtes pris dans le tourbillon familial, qu'on vous sollicite sans arrêt, qu'une crise se passe sous vos yeux, que la colère monte, prenez une bonne respiration. Avec les plus âgés (à partir de quatre ans), vous pouvez intégrer dans votre famille un code verbal et non verbal (signe avec les mains) du genre «temps d'arrêt». Ces moments auront pour effet d'éviter que les situations dégénèrent, de garder ou de reprendre le contrôle de la situation (ou de vous-même!), de contenir et de calmer les débordements, de donner la chance à chacun de s'exprimer et de comprendre ce qui se passe pour tenter de trouver des solutions. Peut-être avez-vous besoin de respirer plus longtemps? Une sortie seul ou avec des amis, ou un temps pour se retrouver avec le conjoint, pourrait être nécessaire.

Utiliser des mots simples et des phrases courtes

Plus les enfants sont petits, plus ils ont besoin que ce soit simple et bref. Lorsqu'on veut passer un message à un enfant (de zéro à quatre ans), le non-verbal est très utile : le ton et l'intonation dans la voix, l'expression du visage (qui peut vouloir dire à l'enfant : « Regarde mes yeux, ils sont fâchés ! »), les gestes (faire un signe négatif avec l'index), toucher l'enfant pour avoir son attention...

Tranche de vie : j'ai justement utilisé ce truc avec une de mes filles qui est plutôt kinesthésique (besoin de toucher). À trois ans, elle avait un grand besoin de parler et, comme par hasard, ce besoin ressortait lorsque je parlais avec d'autres adultes ! J'entendais constamment : « Maman ! Maman !... » jusqu'à ce que je réponde. Alors, je n'arrivais plus à entendre ce que l'autre disait. Dans un moment calme où je la sentais réceptive, j'ai abordé ce sujet avec elle. J'ai expliqué les faits et ce que me faisait vivre ce comportement. Je lui ai ensuite demandé : « Veux-tu qu'on essaie un truc ensemble ? Tu pourrais venir me toucher le bras, comme ceci, et moi je vais te regarder pour te faire signe que j'ai bien vu que tu voulais me parler. Veux-tu qu'on se pratique ? » C'est ainsi devenu notre code à nous.

Un autre truc à utiliser avec les plus vieux lorsqu'on veut qu'ils appliquent une règle de vie dans la maison ou encore qu'ils ont oublié quelque chose : dire un seul mot sur un ton neutre. Par exemple, si l'enfant a laissé son manteau par terre, on dira d'un ton neutre « manteau ». Et on pourra répéter ce mot jusqu'à ce qu'il le ramasse. Ou encore, dans cet exemple, on peut dire aussi à l'enfant, bien innocemment et sur un ton neutre : « Tu n'aurais pas oublié quelque chose par hasard ? » Ces techniques ont pour effet de responsabiliser graduellement l'enfant et d'éviter de trop parler. Vous êtes exaspéré et avez de la difficulté à garder un ton neutre? C'est normal! Revenez à l'étape précédente et respirez...

Parler au « je »

Voici les trois étapes importantes de la communication:

1. Décrire le comportement de l'enfant ou les faits;
2. Nommer l'émotion qui nous submerge ou les conséquences que cela occasionne;
3. Suggérer un autre comportement ou trouver ensemble des solutions. (Cette troisième étape n'est pas obligatoire; cela dépend des situations.)

Prenons un exemple: l'enfant continue de jouer même si le parent l'a avisé de la fin du jeu. Ce dernier peut dire: « Lorsque tu continues à jouer alors que je t'ai dit que c'était fini (*première étape*), cela me fâche d'attendre et ne me donne pas le goût de te faire plaisir par la suite (*deuxième étape*). Est-ce que tu viendrais me voir si je te prévenais cinq minutes avant la fin ou encore si on comptait jusqu'à 10? As-tu d'autres solutions à me proposer (*troisième étape*)?» Cette stratégie peut être utile au quotidien, et plus particulièrement lorsqu'une difficulté se répète avec l'enfant et qu'on désire que ça change. Il est important d'avoir un moment calme où l'enfant est réceptif pour aborder le problème. Au début, il peut être nécessaire pour le parent de réfléchir et de pratiquer ce qu'il veut dire avant d'aborder le sujet avec l'enfant.

Chut! Écouter activement

L'écoute est une des attitudes les plus difficiles à développer. Il est facile, pour un parent, de conseiller l'enfant, de lui dire quoi faire et même quoi ressentir. On peut entendre régulièrement des phrases telles que: « Ne pleure pas pour ça, ce n'est pas si grave ! », « Ne sois pas triste, ça va s'arranger... », « Ne dis pas ça de ton ami, c'est pas gentil ! », « Ne sois pas fâché contre elle ! », « C'est parce que... ». Ces phrases viennent couper l'émotion de l'enfant plutôt que de tenter de la nommer.

Écouter, c'est tenter de comprendre ce que vit l'enfant, se mettre à sa place et chercher à nommer son émotion. Quand un enfant dit d'un autre qu'il n'est plus son ami, pourquoi ne pas répondre : « Tu dois être vraiment fâché contre lui pour dire ça, n'est-ce pas ? » Souvent, ce genre de phrases ouvre la communication et l'enfant peut parler de ce qui lui est arrivé. Quand je dis écouter activement, c'est tout le contraire d'une écoute passive où l'enfant verra très bien que le parent écoute seulement à moitié. Il est préférable de se concentrer sur l'enfant et ce qu'il dit plutôt que de faire plusieurs choses en même temps. Pour manifester notre écoute, on peut utiliser des interjections du genre : « Oh ! », « Ah ? », « Eh bien ! », « Ah oui ? ». Pour écouter et nommer les émotions, il faut accueillir la souffrance de l'enfant. Parfois, la blessure peut nous sembler banale (par exemple, l'enfant perd un morceau de son vieux jeu). D'autres fois, elle réactive une blessure chez le parent qui a de la difficulté à l'entendre et devient en réaction aux événements du passé (par exemple, l'enfant s'est fait mettre de côté par ses pairs et le parent est prêt à contacter les parents ou à régler leur compte à ces enfants).

Il faut dire aussi que comme parents, nous voulons beaucoup pour nos enfants et, surtout, nous voulons leur éviter de souffrir. Toutefois, les émotions viennent « tapisser » la mémoire affective du cerveau. Cela est nécessaire à l'existence et au développement de l'enfant. Alors, pourquoi ne pas chercher à écouter l'enfant, nommer ses émotions et, si nécessaire, chercher avec lui ses propres solutions ? Donc, quand vous sentez un volcan à l'intérieur de vous, respirez, puis écoutez votre émotion tout en utilisant la technique de reformulation, soit dire dans vos mots ce que vous avez compris du message que votre enfant vient de communiquer. C'est ça, l'écoute active ! Cette technique permet de vérifier si vous avez bien compris, puis l'enfant peut rectifier ou ajuster au besoin.

Elle donne aussi l'occasion de prendre vos distances par rapport à vos émotions pour être dans ce que l'enfant vit.

Chut! Écouter dans le silence

Cette attitude peut aussi être utile lorsque la guerre entre un enfant et son parent commence. Quel parent n'a pas vécu de moments d'argumentation et de confrontation avec son enfant? Par exemple, vous cherchez à convaincre votre enfant de faire quelque chose, alors qu'il ne fait que répondre «Pourquoi?». S'il connaît la réponse ou que vous lui avez déjà répondu, retournez-lui la question: «D'après toi?» ou «Qu'en penses-tu?». Un autre exemple, votre enfant ne veut pas mettre son chapeau pour aller dehors et continue d'argumenter même si vous avez expliqué la consigne plusieurs fois. Dans ce cas, gardez le silence et utilisez des phrases telles que: «Tu pourras aller dehors quand tu auras mis ton chapeau.» Surtout, ne le redites pas et maintenez la consigne. Le silence peut être très aidant dans certaines circonstances, essayez-le!

Donner des consignes positives, précises et claires

L'enfant grandit et apprend par l'expérience des interdits: «Non», «Ne touche pas à ça!», «Ne fais pas ça!». Le cerveau enregistre l'action à ne pas faire et l'objet à ne pas toucher, et non la négation. Expérimentons. Si je vous dis: «Ne pensez pas à un gâteau au chocolat...», votre cerveau a fort probablement produit l'image du gâteau. Donner des consignes positives, c'est diriger l'attention de l'enfant sur ce qu'on veut qu'il fasse, orienter son énergie vers quelque chose de constructif. On pourrait dire: «Sens les fleurs» plutôt que «Arrête de toucher aux fleurs!». Chez les plus grands, lorsque l'enfant «saute» sur la nourriture lors d'une fête, on pourrait dire: «Peux-tu offrir des grignotines aux enfants?» plutôt que «Arrête de manger les grignotines!».

La précision et la clarté de nos communications peuvent aider aussi à canaliser l'énergie de l'enfant, à l'orienter, un peu comme lorsqu'on explique un trajet à quelqu'un. Pour qu'il trouve l'endroit, il doit recevoir des consignes claires et précises. Prenons l'exemple d'une personne qui demande à une autre de venir la rejoindre dans un magasin. Cette dernière devra faire préciser dans quelle ville, dans quel centre commercial, à quel magasin, à quel endroit dans le magasin, près de quelle porte ou de quel rayon, etc. C'est la même chose pour l'enfant. Il a besoin de connaître précisément nos attentes ou nos demandes. Souvent, les directives données sont floues: «Tiens-toi tranquille», «Fais bien ça!», «Arrête!». Bien souvent, l'enfant ne sait pas ce qu'il doit faire ou ce qu'il doit cesser de faire ou encore ce qui est dérangeant, ce qui l'amène à continuer. Dans ces moments, le parent pense qu'il fait exprès de ne pas écouter, puis la situation dégénère. Cela demande un effort de préciser nos demandes, mais c'est un investissement à long terme dans la relation.

Il y a plusieurs formulations possibles; en voici quelques exemples: «Si tu as besoin de sauter ou de courir, tu peux le faire dehors», «Lorsque je me dépêche à partir, je n'entends pas ce que tu me dis. Tu pourras me parler quand nous serons installés dans l'auto», «Tu auras des bonbons après le repas», «Si tu veux crier, tu peux le faire dans ta chambre», «Lorsque tu es fâché, tu peux taper sur un coussin ou une poupée (pas ton frère!)». À vous de réfléchir sur les situations et à chercher à clarifier vos consignes.

Utiliser des conséquences logiques

Voici un sujet très populaire lors des consultations. La plupart ont entendu parler des conséquences qui seraient efficaces à appliquer pour leur enfant mais, dans l'action, il en va autrement. Les parents deviennent déstabilisés et perdent un peu leurs moyens, car c'est parfois intense et cela va vite... Je conseille souvent aux parents de réfléchir aux comportements de leur enfant qui mériterait une conséquence, afin de l'aider à développer son autonomie et à réfléchir sur soi. Après cette étape, je leur suggère de trouver des conséquences en lien avec l'action de l'enfant, pour lui permettre d'intégrer une réflexion logique par rapport à ses gestes et à ses comportements. Le parent peut s'en faire une liste pour lui-même, afin de se donner des outils à sa portée. Le fait de l'écrire permet aux parents de mieux intégrer l'action à poser et facilite son application le moment venu. Voici quelques exemples :

- Il a fait un dégât : l'enfant doit le ramasser (même à deux ans, il peut en ramasser une partie).
- Il refuse de ramasser un jeu : il ne pourra jouer à un autre jeu tant que ce ne sera fait ou il ne pourra jouer à ce jeu sur une période déterminée.
- Il crie ou utilise un langage irrespectueux face au parent : ce dernier se retire et ne donnera de l'attention et de l'écoute que lorsque l'enfant sera calmé.
- Il dérange l'activité qui se déroule dans la salle familiale : l'enfant doit se retirer un moment dans sa chambre ou tout autre lieu calme.
- Il manipule brusquement un objet : le parent retire l'objet à l'enfant.
- Il ne veut pas brosser ses dents : l'enfant n'aura pas de bonbons ni de sucreries pour une période déterminée.
- Il ne met pas son linge sale dans le panier : ses vêtements ne seront pas lavés.

Il y a autant d'exemples que d'enfants sur terre. L'idéal est d'en discuter entre conjoints car, souvent, un des deux a plus de facilité à appliquer la conséquence. Il est aussi possible d'en parler avec des amis ou des collègues de travail pour chercher à trouver des conséquences qui serviront à développer une logique chez l'enfant. Attention toutefois chez les plus petits (moins de trois ans) qui n'ont pas encore une compréhension développée, ce qui ne veut pas dire de ne pas chercher à appliquer des conséquences. Par exemple, pour encourager un enfant à moins utiliser sa sucette, nous pouvons appliquer la conséquence suivante: «Si tu veux jouer, tu déposes ta sucette ici. Sucette dans la bouche = dodo ou repos.» De cette façon, il cesse graduellement d'avoir sa sucette le jour. Cela dit, il est possible que cela fonctionne avec certains enfants et pas avec d'autres. Il faut employer la technique essais-erreurs avec les enfants; il n'y a pas de recette toute faite. Il vaut mieux faire fonctionner notre imagination...

Regarder, observer, toucher, garder le contact

Au quotidien, il est très facile de parler avec les enfants sans les regarder, sans prendre le temps de vérifier s'ils écoutent. On peut facilement être dans une autre pièce et répéter plusieurs fois la même consigne sans que l'enfant agisse parce qu'il est absorbé par autre chose. Il y a aussi des enfants qui comprennent mieux par le regard (visuels) et d'autres, par le toucher (kinesthésiques). Parfois, les enfants ont aussi besoin qu'on les arrête parce que leur système nerveux a été trop sollicité: jeux vidéo intenses, ordinateur ou télévision utilisé sur une longue période de temps, longue journée en contact avec d'autres enfants, surexcitation, etc.

Il est souvent utile de se placer à la hauteur de l'enfant, de le regarder, de le toucher ou de placer la main dans son dos pour lui parler. Ces gestes, qu'on oublie facilement au quotidien, nous permettent de rester en contact avec l'enfant et le rassurent, le calment et ralentissent son rythme. Le contact est essentiel à la relation. Pour le toucher, on doit éviter de placer la main sur la tête de l'enfant, car c'est davantage un geste de domination et d'infantilisation. L'observation est un autre outil à développer pour les parents, puisqu'elle permet de connaître l'enfant: ses réactions, sa ténacité, sa persévérance, sa façon d'entrer en relation avec les autres enfants, ses jeux préférés, ses besoins, son stade de développement et ses capacités, etc. Je me souviens d'un enfant qui, pendant qu'il jouait avec ses camarades, semblait ne pas entendre les demandes que je faisais. Toutefois, je n'en étais pas certaine. Alors qu'il jouait à l'extérieur, je lui ai fait une demande qui nécessitait un arrêt temporaire de sa part. Comme il ne s'exécutait pas, j'ai osé lui dire: « Tommy (nom fictif), j'ai l'impression que tu as bien entendu ma demande mais que tu n'as pas le goût d'arrêter ton jeu. » Il a levé ses yeux vers moi avec un large sourire. Je lui ai souri et il s'est exécuté.

Le sourire, le regard, les gestes sont souvent révélateurs de ce qui se passe à l'intérieur de l'enfant. Après une journée ou une fin de semaine bien remplie, je trouve un moment calme (retour en voiture, au souper ou lors du coucher) où chacun s'exprime sur ce qu'il a le plus aimé et le moins aimé. Cela permet un retour non seulement sur les activités, mais aussi sur les moments moins agréables qui n'ont pas été nommés. Pour donner des points de repère aux plus jeunes ou aux enfants qui ont plus de difficulté à parler de la journée passée, on peut énumérer des moments importants qui ont eu lieu ou en nommer soi-même.

Utiliser l'humour et le jeu

Plusieurs études scientifiques le confirment: le plaisir est un des meilleurs indices de santé mentale, un antistress puissant. Il faut laisser de côté quelques instants les obligations pour se donner du temps pour rire, jouer avec les enfants, s'amuser, faire des petites folies, entrer dans l'imaginaire des enfants.

Ceux-ci peuvent nous apporter beaucoup en ce sens. L'humour et le jeu peuvent aussi être employés pour dédramatiser des situations. Si, par exemple, vous constatez que votre enfant cherche la confrontation et la bagarre en paroles, pourquoi ne pas lui proposer une vraie bataille de coussins ou d'oreillers, un combat avec une épée imaginaire, des prises de karaté, une partie d'échecs ou de hockey, etc. Vous déstabiliserez ainsi votre enfant et dirigerez son agressivité à l'extérieur de la relation. S'il sent que vous êtes présent à lui, que vous lui offrez de l'attention, il sera plus enclin à collaborer et à vous faire plaisir. Offrez-lui dix minutes de votre présence et de votre attention où il peut choisir le jeu qu'il désire (marionnettes, déguisement, voitures, livres, jeu interactif, pâte à modeler, ballon). Vous sentez que votre enfant a besoin de bouger? Faites-lui jouer sa musique préférée, dansez et amusez-vous!

Offrir des choix

Plus l'enfant grandit, plus il a besoin de sentir qu'il a un certain pouvoir de décision. Pour éviter des situations de crise inutiles et désagréables pour tous, ainsi que pour aider l'enfant dans l'affirmation de soi et le développement de son autonomie, le parent peut offrir des choix. Ceux-ci doivent s'élaborer à l'intérieur du cadre que le parent se fixe, dans ses limites personnelles et en fonction de l'âge de l'enfant. Par exemple, pour un jeune d'âge scolaire, on pourra lui offrir le choix de l'heure de ses devoirs (avant ou après le souper). Ici, le parent dit à son enfant qu'il doit faire ses devoirs aujourd'hui, mais qu'il peut choisir le temps qui lui convient le mieux.

Un autre exemple concerne le choix du port des vêtements. Pour les enfants de deux à cinq ans, on pourra faire choisir entre deux vêtements que le parent a d'abord sélectionnés, alors que pour les cinq ans et plus, le choix pourra s'élargir à trois, et pas davantage sinon l'enfant risque de s'y perdre et d'avoir de la difficulté à arrêter son choix. Le fait que le parent délimite un cadre de choix possibles va sécuriser l'enfant, lui montrer qu'il y a des limites à ce qu'il peut choisir, tout en lui donnant le sentiment de pouvoir se placer comme sujet. On peut employer la même procédure pour la sélection du film à regarder, du jeu, des activités familiales, des amis à inviter, etc. Les choix peuvent également être plus subtils; par exemple, si on veut que l'enfant fasse quelque chose, on peut lui offrir qu'il le fasse lui-même ou encore que ce soit nous qui le fassions. Si un enfant de huit ans ne veut pas porter la ceinture de sécurité dans l'auto, le parent peut dire: «La loi dit que nous devons tous porter la ceinture de sécurité. Alors, est-ce toi qui l'attaches ou préfères-tu que ce soit moi?» À vous maintenant de voir quel choix vous pouvez offrir à vos enfants...

Valoriser les bons coups

Les enfants grandissent avec le besoin de recevoir de l'attention des adultes significatifs. Ils expérimentent tous les comportements qui permettent de recevoir cette attention, parfois négative, parfois positive. Comme il est facile de voir et de réagir aux comportements négatifs ou à ce que l'enfant ne doit pas faire, si le parent ne fait pas l'effort de réagir aux bons comportements de celui-ci, il aura vite compris quoi faire (ou ne pas faire) pour attirer l'attention! Il n'est pas nécessaire de féliciter l'enfant pendant qu'il est concentré à faire une bonne action, car cela pourrait le faire changer de direction. Attendons qu'il ait fini ou encore qu'un contact se fasse entre le parent et l'enfant (regard, sourire, question).

La valorisation peut également se faire verbalement: «Bravo! Je vois que tu t'es bien amusé tout seul!», ou bien en inventant un système de récompenses significatives pour l'enfant: faire un calendrier avec des dessins ou des collants, inventer des médailles imaginaires qui viennent souligner un comportement et d'autres pour le désapprouver, un système de privilèges pour les plus âgés (se coucher plus tard, manger quelque chose d'inhabituel, faire une activité spéciale). On peut aussi orienter le comportement de l'enfant pour qu'il fasse tel geste plutôt que d'anticiper négativement ce qu'il pourrait faire. Par exemple, si le parent demande à son enfant de ramasser un objet qu'il a jeté par terre et que celui-ci bouge en direction de l'objet, le parent peut dire: «Merci de bien vouloir le ramasser!» sans attendre que le geste soit fait. Cela renforce le bon comportement de l'enfant et peut le faire changer d'idée s'il avait l'intention de ne pas le ramasser ou de le pousser plus loin. En outre, cela permet au parent de ne pas toujours penser que le comportement pourrait être négatif (provocateur, opposant, agressif...).

Réflexion

1. Quelles sont mes forces dans la communication avec mon enfant?
   Moi:
   Mon conjoint:
2. Quelles valeurs éducatives diffèrent entre mon conjoint et moi? Qu'est-ce que chacune peut apporter aux enfants?
3. Qu'est-ce que j'aimerais expérimenter ou améliorer prochainement?
   Moi:
   Mon conjoint:

DEUXIÈME PARTIE

Quoi dire aux enfants

On peut être différent sans pour autant être dans l'erreur.

Anne Wilson Schaef

6

Le père Noël, ou l'importance de la fonction imaginative

Nombre de parents se demandent quoi dire à leur enfant sur le père Noël, comment leur éviter la peine et la déception, comment ne pas leur mentir alors qu'on leur enseigne justement à dire la vérité, etc. Il y a peu de documents qui guident les parents dans leurs réponses et pourtant, ce sujet fait partie intégrante de notre société. Je vous propose donc quelques grandes lignes pour alimenter votre réflexion et vous appuyer dans vos choix de réponses auprès de vos enfants.

Magie ou mensonge?

Tout d'abord, faire croire au père Noël, c'est beaucoup plus qu'un «doux mensonge[10] », c'est encourager l'enfant à croire à un mythe, à participer à un rituel social, à une vérité qui fait partie de notre société[8]. Personnellement, je trouve que toute la magie entourant cette fête et le père Noël est une belle histoire. Il existe d'ailleurs un dessin animé à ce sujet et qui fait réfléchir, *Le Boréal Express*, avec Tom Hanks. Plusieurs aspects y sont abordés, dont la croyance ou non au père Noël, la confiance en soi et aux autres, le partage, le rapprochement entre enfants et adultes, la solidarité, l'espoir.

La fonction de l'imaginaire et ses effets bénéfiques

Le père Noël, ses lutins, les rennes et tout ce qui entoure cette fête sont des fantaisies et nourrissent l'imaginaire des enfants. Jusqu'à l'âge de sept ou huit ans, l'enfant est dans la pensée magique, imagine plein de scénarios, s'invente des histoires. Après, il développe une pensée concrète qui lui permet de rassembler des faits pour obtenir une conclusion logique[9]. C'est lorsque l'enfant atteint cet âge qu'il pose beaucoup de questions à ses parents ; ceux-ci se trouvent souvent déconcertés et ne savent plus quoi répondre. Avant, il est facile d'inventer des histoires et des explications, car l'enfant y croit ; on le voit bien à travers ses jeux de dragons, de princesses, de policiers, de voitures accidentées, d'hôpitaux, de sorcières, de loups, etc.

Il est important, pour le développement de l'enfant, pour son adaptation à la vie et aux difficultés qu'elle renferme, de stimuler son imaginaire. Comme le mentionne Monique Brillon dans son livre *La pensée qui soigne* : « Toute personne adulte apte à faire un travail d'élaboration mentale conduisant à une prise de conscience est aussi capable de se servir de son imaginaire pour trouver des solutions nouvelles aux difficultés auxquelles elle est confrontée[1]. » Ainsi, pour stimuler l'imaginaire des enfants âgés de trois ans environ, je propose de faire des jeux de rôle où l'adulte se laisse guider par le rôle ou le comportement que l'enfant veut lui donner. Par exemple, en jouant au papa et à la maman, le parent peut lui demander ce qu'il aimerait qu'il fasse ou dise plutôt que de le faire à sa place. Si l'enfant est plus passif et tente de faire en sorte que ce soit le parent qui décide le jeu, on peut lui dire qu'on ne connaît pas la réponse puisque c'est son jeu à lui et, en dernier recours, lui donner quelques suggestions. Pour l'enfant un peu plus âgé, on peut lui demander de raconter l'histoire qui se passe dans son dessin, le faire parler autour de son dessin, s'il le désire évidemment! On peut aussi jouer à inventer des histoires ensemble où chacun, à tour de rôle, en invente un bout. Il existe des jeux en vente dans les magasins dans lesquels on doit inventer des histoires à partir d'images qu'on pige. Tous ces jeux stimulent l'imaginaire de l'enfant et l'aident à construire son moi.

C'est également durant cette période de pensée magique que se construit une base, plus ou moins solide, à l'intérieur de l'enfant. Le père Noël est un personnage bon et souriant et fait partie ainsi des représentations positives de l'enfant. En ce sens, on pourrait dire que de permettre à l'enfant de croire au père Noël (ou tout autre personnage mythique du genre), en la magie, c'est lui donner espoir en la vie, le sécuriser, le rassurer devant les obstacles, lui donner accès à quelque chose de bon pour lui. Puisque le père Noël représente une figure paternelle et renferme une certaine magie, il peut refléter l'image d'un bon père qui pense à l'enfant en lui apportant un cadeau, en l'écoutant lui raconter ce qu'il désire ou simplement lorsqu'il le regarde chanter une chanson. Je me rappelle un enfant que j'ai vu en thérapie et qui était le seul de sa classe à croire encore au père Noël. Il s'accrochait fortement à cette figure et trouvait plusieurs arguments pour justifier sa croyance auprès de ses amis qui cherchaient à le convaincre du contraire. On peut mieux comprendre son comportement lorsqu'on connaît son histoire : il avait été grandement bouleversé par le décès de son père en bas âge. Il lui était plus difficile, voire inacceptable, à ce moment de faire le deuil de croire au père Noël. Le moment n'était pas encore venu pour lui...

Dans le même ordre d'idées, si l'on désire véhiculer cette image de bonté et de générosité, va-t-on dire à l'enfant : « Sois sage si tu veux que le père Noël t'apporte des cadeaux ! » ? Cela a bien peu d'impact à mon avis, car les enfants ont vite retenu qu'ils auront tout de même des cadeaux. Cette phrase peut aussi être délicate pour d'autres enfants oubliés par cette fête et qui peuvent se demander ce qu'ils ont fait de mal pour que ce soit ainsi[10].

Les impacts à long terme de la transmission des valeurs et des traditions

L'approche de Noël est justement un bon moment pour les parents de transmettre leurs valeurs aux enfants, de perpétuer des traditions ou d'en créer de nouvelles. La majorité des parents se souviennent du plaisir et de la joie qui se vivaient à Noël durant leur enfance et ont le goût de les revivre avec leurs enfants. Pour ces personnes, la continuité de Noël se fait plus naturellement. Par contre, il y a des parents qui ont vécu dans leur enfance des difficultés plus marquantes à l'approche des fêtes comme des conflits familiaux qui éclatent, la surcharge de travail ou encore l'absence d'un parent qui consomme de la drogue ou de l'alcool. Pour ces enfants devenus parents, il est plus difficile de vivre Noël comme un événement plaisant. Il y en aura certains qui décideront de «réparer» leur enfance en faisant vivre autre chose à leurs enfants, et d'autres qui auront tendance à répéter leur enfance ou encore à bousiller les Noëls de leurs enfants. Il y a également des familles qui peuvent vivre une séparation, un deuil, une perte d'emploi ou d'autres situations plus difficiles à l'approche des fêtes et qui font que Noël pourrait être vécu plutôt négativement. À travers ces phénomènes, il est pertinent de se demander: «Comme parent, quelle valeur ai-je le goût de transmettre à mes enfants et quel genre de souvenirs est-ce que je veux leur léguer?»

On trouve plusieurs bienfaits associés à cette transmission des valeurs et des traditions; en voici quelques-unes.

- *Intégrer le partage et la générosité.* On donne à ceux qu'on aime, on reçoit du père Noël et de ceux qui pensent à nous, pas seulement en cadeau ou en argent, mais en temps (faire des activités ensemble, préparer un souper ensemble) et en paroles (de bons souhaits sur les cartes, des mots qui se disent moins souvent). On laisse au père Noël des biscuits et du lait ou on lui donne un cadeau à lui aussi.

- *Participer au développement de la conscience sociale.* On donne à des milieux moins favorisés, on réalise que Noël ne se fête pas partout de la même façon et que certaines personnes font de l'entraide dans des organismes communautaires, etc.
- *Développer le sentiment d'appartenance.* Que ce soit à une société (dans les centres commerciaux, tout le monde se prépare à la même fête), à un groupe (ceux qui croient et ceux qui ne croient pas), à une famille (traditions différentes selon chacune, cueillette du sapin de Noël naturel, préparation de nourriture traditionnelle, réalisation de cartes de souhaits, etc.).
- *Retrouver le plaisir d'être ensemble.* Et penser aussi à ceux qui n'y sont plus (y compris les animaux !).
- *Préparer son cœur au plaisir* de la fête et des congés.
- *Stimuler la montée du désir.* C'est le moment de faire des vœux, d'exprimer des demandes, même les plus farfelues, et de désirer très fort.
- *Favoriser la patience par l'attente et l'anticipation.* On en parle longtemps d'avance de cette grande fête ; en effet, le père Noël s'installe dans les magasins à partir du mois de novembre, on fait le décompte des 24 jours de préparation avec un calendrier de l'Avent. Dans notre société où on peut obtenir beaucoup de choses rapidement, vivre cette attente positivement aide l'enfant à vivre d'autres attentes plus difficiles que la vie peut apporter.

Comment instaurer ce mythe?

Au tout début de sa vie, le petit enfant n'a pas conscience de l'existence du père Noël, mais il «baigne» bien innocemment dans cet univers. Le choix appartient aux parents de décider s'ils désirent, dès la première année de vie de l'enfant, faire croire à l'existence du père Noël (cadeaux dans le bas de Noël, cheminée, lait et biscuits...), ou s'ils préfèrent attendre l'apparition de l'âge «magique» chez l'enfant, c'est-à-dire autour de trois ans, ou encore s'ils préfèrent attendre que ça vienne de l'enfant lui-même qui en entendra parler inévitablement.

«Non! Je ne veux pas y aller!»

Il est fréquent de rencontrer des enfants qui ont peur du père Noël et on peut le comprendre en prenant du recul et en regardant les réactions souvent pressantes et empreintes d'émotions fortes autour de ce personnage. À ce moment, je recommande de ne pas insister pour que l'enfant s'approche du père Noël, mais de l'accompagner s'il le désire. Sinon, on reste distant avec l'enfant et on le laisse observer ses pairs qui s'approchent du personnage pour lui permettre d'apprivoiser cet inconnu. L'enfant choisira quand il sera prêt à l'approcher. Si on insiste trop, on risque de provoquer plus de résistance de sa part et lui laisser de mauvais souvenirs reliés à ce mythe. On peut également rassurer l'enfant en lui disant que le père Noël qu'on voit est quelqu'un de déguisé, un peu comme à l'Halloween, et on peut jouer avec l'enfant à se déguiser comme lui (chapeau, costume, barbe...).

Les questions de l'enfant et la réaction des parents

Pour ce qui est des questions entourant ce mythe, elles tourneront d'abord autour de faits concrets: Comment le père Noël peut entrer chez nous puisque nous n'avons pas de cheminée? Comment passe-t-il dans la cheminée avec son gros ventre? J'aime bien répondre à l'enfant en lui retournant d'abord la question pour susciter son imaginaire et ses fantasmes autour du sujet: «Je ne sais pas. Toi, qu'en penses-tu?» Vous aurez alors droit à de belles réponses imaginées par l'enfant. Si celui-ci ne donne pas de réponse et que l'adulte ne sait pas que dire, il peut toujours s'appuyer sur la magie de Noël pour répondre, surtout quand l'enfant est dans ce mode de pensée (avant sept ou huit ans): «Ça doit être la magie!», «Il est magique, n'est-ce pas?». Entrez dans le jeu, dans leur imaginaire, ça peut tellement être plaisant et vous faire retrouver votre cœur d'enfant!

Plus l'enfant grandit, plus les questions sont élaborées: «Comment fait-il pour distribuer tous les cadeaux aux enfants dans toutes les maisons?», «Comment peut-il fabriquer tous les jouets?», «Pourquoi papa n'est jamais présent quand le père Noël arrive?». L'enfant cherchera alors à trouver les réponses à ses questions, il aura des doutes, mais il voudra continuer d'y croire encore. Puis, les questions vont se multiplier et pourront devenir insistantes.

Laisser croire l'enfant ou lui dire la vérité?

Appartient-il aux parents de détruire ce mythe auprès de l'enfant avant qu'il l'apprenne par d'autres? Pour ma part, la réponse est claire: ce n'est pas aux parents de décider quand l'enfant doit cesser d'y croire. De toute façon, s'il n'est pas prêt à être confronté à cette dure réalité, il trouvera plein d'arguments pour justifier sa croyance. Il y a plusieurs enfants qui vont jusqu'à se dire que le vrai père Noël existe vraiment et que ceux qu'on voit partout sont des faux, des copies du vrai.

Le processus se fera naturellement car, petit à petit, l'enfant entendra des choses qui vont ébranler ses croyances, mais il gardera ce qu'il sera prêt à prendre et à digérer. Par contre, si les questions deviennent trop insistantes et que le jeu de la magie n'est plus drôle, par exemple: «Maman, papa, dites-moi la vérité! Je sais que le père Noël n'existe pas pour vrai à cause de...» À ce moment, cela ne sert à rien de continuer à faire semblant, puisque l'enfant ne veut plus jouer. Il vaut mieux garder le lien de confiance et mettre l'accent sur le fait que l'enfant est rendu assez grand pour réaliser que c'est une belle histoire qui nous permet de fêter ensemble, de se donner, et que le «vrai père Noël» existe dans notre cœur d'enfant.

On peut également dire que cette histoire permet de vivre de beaux moments, nous rappelle de tendres souvenirs, et c'est ce qui fait que les adultes continuent de parler du père Noël pour permettre de le revivre. L'enfant sera certes déçu, mais à la hauteur de ce qu'il sera capable de vivre. Il se peut aussi que la réaction de l'enfant soit forte (colère ou larmes). Alors, le parent ne peut que l'accompagner dans ce qu'il vit, un peu comme un processus de deuil. On met alors l'accent sur le fait que le père Noël continue d'exister dans notre tête et notre cœur, par les souvenirs vécus qui sont inscrits en nous pour toujours. Puis, on invite l'enfant à faire ce que la plupart des autres enfants de son âge, tout comme les adultes, font avec cette féerie de Noël: la perpétuer auprès des plus petits que soi!

Et la fratrie dans tout ça?

S'il y a d'autres enfants dans la famille, comment gérer les commentaires des plus vieux avec les plus jeunes qui croient encore au père Noël? Souvent, les plus vieux se sentent bien grands par le simple fait de savoir et ils cèdent naturellement aux plus jeunes cette magie; ils l'entretiennent devant eux et pour eux. Par contre, d'autres voudront partager la nouvelle avec les plus jeunes. À ce moment, on peut les prendre à part et leur expliquer comment il est plaisant de croire à cette magie, les encourager à aider les plus jeunes à continuer d'y croire et ne pas leur nuire en voulant les désillusionner trop tôt. On peut également leur rappeler comment il était important pour eux de continuer à y croire jusqu'à ce qu'ils soient assez grands. D'autres parents choisiront de laisser les enfants interagir entre eux et intervenir le moins possible. Pour ma part, je préfère expliquer aux plus vieux l'importance et le plaisir pour les plus petits d'y croire et que ceux-ci y ont droit tant qu'ils en auront besoin. Cela permettra aux plus vieux de connaître les raisons qui motivaient leurs parents à faire la même chose avec eux.

Tranche de vie

Je sais que le père Noël et toute cette magie peuvent être une aide précieuse. Par exemple, c'est lui qui est venu aider ma plus grande fille à abandonner sa sucette. Nous lui avions dit que le père Noël viendrait chercher sa sucette pour la donner à des plus petits qu'elle qui en avaient besoin. Nous l'avions préparée d'avance et elle était d'accord et prête à le faire. Durant la nuit, le père Noël était passé prendre la sucette et avait laissé un présent ainsi qu'un mot la remerciant de son geste de générosité de grande fille. Son présent, un éléphant en peluche, a été très significatif pour elle puisque, quelques années plus tard, elle a raconté son histoire et a présenté l'objet à sa classe de maternelle. C'est même elle qui a dit à sa petite sœur de quelle façon elle pourrait abandonner sa sucette et qu'un beau cadeau l'attendrait !

Nous entendons souvent les gens dire que les premières années de vie de l'enfant passent tellement vite qu'il faut en profiter. J'abonde dans le même sens pour ces moments de magie qui ne durent qu'un court instant...

Réflexion

1. Comment étaient mes Noëls lorsque j'étais enfant et qu'est-ce que je conserve comme souvenirs?
   Moi:
   Mon conjoint:
2. Quelles valeurs ai-je le goût de transmettre à mes enfants?
   Moi:
   Mon conjoint:
3. Quelles traditions me plaisent et que je désire perpétuer? Quelles sont celles que je désire bâtir avec mon partenaire?
   Moi:
   Mon conjoint:

7

« C'est mon ami imaginaire ! »

Mise en situation

Enfant : Mina, ne fais pas ça ! Papa et maman ne veulent pas !

Mère : Qu'est-ce que tu as dit, mon cœur ?

Enfant : Rien, maman, je ne te parlais pas !

Mère : Ah bon ! À qui parlais-tu alors ?

Enfant : À mon amie Mina !

Mère : Qui est Mina ?

L'enfant soupire d'agacement et dit : « Mina, c'est mon amie, bon ! »

Ces amis imaginaires apparaissent dans la vie de l'enfant à un moment où ses fonctions imaginatives sont en effervescence, le plus souvent entre trois et six ans. C'est un phénomène très fréquent dans son développement, et des études confirment que près des deux tiers des enfants d'âge préscolaire en auraient[11]. Ces amis imaginaires aident et accompagnent l'enfant dans son développement émotionnel et cognitif. Comme je l'ai mentionné précédemment, les capacités imaginatives de l'enfant vont lui donner des ressources intérieures et des forces pour s'adapter aux difficultés de la vie. On peut donc dire que l'enfant de ce groupe d'âge qui s'invente des amis et possède une imagination fertile détient un outil essentiel pour une bonne santé mentale. Il n'y a donc pas lieu de s'inquiéter puisque, dans la plupart des cas, l'ami imaginaire tend à disparaître graduellement pour faire place aux amis réels fréquentés à l'école. Par contre, si les amis imaginaires viennent remplacer les amis réels ou donnent à l'enfant un prétexte pour s'isoler, il sera nécessaire de se questionner et d'intervenir pour l'aider.

Pour quelles raisons un enfant s'invente-t-il des amis imaginaires ?

Un enfant introduit dans sa vie un ami imaginaire pour différentes raisons ; en voici quelques-unes.

- Aider l'enfant à apprendre à jouer seul, à développer une certaine indépendance et à apprivoiser les moments de solitude.
- Permettre à l'enfant de créer un début d'intimité en plaçant une certaine distance avec ses parents, une distance saine et normale pour son processus d'individuation.
- Intérioriser la distinction entre ce qui est bien et ce qui est mal : l'enfant permettra à ce copain de ne pas se brosser les dents, de faire des folies à la table, de riposter aux parents, afin de canaliser ses sentiments d'opposition.
- Expérimenter des parties de lui-même : l'enfant pourra être qui il veut en toute sécurité (puisque ce n'est que de l'imaginaire) et ainsi développer son identité en gardant ce qui lui servira.

- Faire face à diverses situations stressantes de la vie; par exemple, lors d'un déménagement, de l'entrée à l'école, du départ d'un voisin, de la naissance d'un petit frère ou d'une petite sœur, du décès d'un proche ou d'un animal, etc. L'ami invisible peut apparaître à la suite de ces événements ou encore réapparaître pour une courte période de temps afin qu'il s'adapte aux changements.
- Extérioriser des émotions ou communiquer des sentiments qui le rendent mal à l'aise. L'enfant pourra dire ou faire dire à cet ami des choses qu'il n'oserait pas exprimer par peur de réprimandes ou à la suite d'une situation difficile à vivre. Par exemple, l'enfant peut être en colère envers son ami imaginaire ou encore le consoler, comme s'il lui transférait ses frustrations vécues.

Comment y réagir ?

Je crois que la phrase magique est: « Laissez-vous guider par votre enfant, il vous dira ce qui lui convient au moment opportun. » Revenons au dialogue de la mise en situation au début du chapitre. L'enfant finit par couper court aux questions de la mère et exprime ainsi son mécontentement face à l'interruption de son jeu et, par le fait même, son désir de ne pas partager son imaginaire avec celle-ci. Ainsi, respecter son enfant voudrait dire:

- Permettre à l'enfant de s'exprimer librement sans faire intrusion dans son jeu.
- Ne pas accorder trop d'importance à cet ami en faisant semblant d'y croire plus que l'enfant, sinon celui-ci pourrait ressentir une emprise sur son jeu et vivre une confusion entre l'imaginaire et le réel.
- Ne pas nier la présence du copain invisible de l'enfant, car cela pourrait amener une fermeture face au monde adulte et menacer la relation de confiance avec l'enfant.

Le juste équilibre dans la réaction des parents face à ce phénomène se situe entre l'écoute du besoin de l'enfant et les contraintes du quotidien. Plus concrètement, si le parent est disposé et qu'il sent que son enfant vit quelque chose, il pourrait tenter de lui parler et voir sa réaction. Dans notre exemple, après la première phrase de l'enfant, le parent pourrait souligner qu'il semble fâché contre son ami et vérifier s'il s'est passé quelque chose. Parfois, cette attitude d'ouverture de la part des parents tout en restant en dehors de la situation permet à l'enfant de s'exprimer sur des aspects de sa réalité interne. Ainsi, le parent attentif à son enfant pourra en apprendre beaucoup sur les préoccupations, les craintes et les sentiments de celui-ci.

Une autre réaction possible, qui tient compte du besoin du parent face au quotidien et du besoin d'imaginaire de l'enfant, consiste à solliciter la participation de l'ami. Par exemple, juste avant l'heure du bain, si l'enfant s'amuse avec son copain, le parent pourrait lui suggérer de dire à son ami de l'attendre quelques minutes ou encore de l'accompagner vers son bain.

Lorsque les amis imaginaires sont bien accueillis par les parents et que l'enfant se sent respecté, il peut arriver que celui-ci désire les introduire dans un moment où toute la famille se réunit, comme à la table. T. Berry Brazelton suggère de jouer le jeu, ce qui n'empêchera pas l'enfant de « voir la différence entre imaginaires et réels, et peut permettre une sorte d'expérience anticipée de ses amitiés futures[12] ».

Par ailleurs, il se peut que le parent soit en désaccord avec ce qu'exprime l'enfant dans son jeu. À ce moment-là, il serait bon de se rappeler que ce jeu permet à l'enfant d'extérioriser les éléments avec lesquels il lui est difficile de composer intérieurement. C'est souvent dans ces moments de désaccord que les inquiétudes des parents ressortent: Saura-t-il faire la différence entre la réalité et la fiction? Sombrera-t-il dans le mensonge? S'isolera-t-il des autres enfants? Derrière ces questions et inquiétudes, il peut se cacher un sentiment d'exclusion des parents face à ce que l'enfant vit nouvellement. À quatre ans, l'enfant n'est plus un bébé qui est collé à la mère, mais un être de plus en plus individualisé qui s'exprime, s'affirme et prend quelque distance face à ses parents, ce qui peut leur faire peur, susciter des sentiments de jalousie ou leur donner l'impression d'être rejetés de leur enfant et de ses amis imaginaires. Il revient au parent de s'interroger sur sa propre réaction ou sentiment : « Pour quelles raisons est-ce que ça me dérange ? »

Si le jeu imaginaire prend trop de place

Si les parents constatent que leur enfant préfère ses amis imaginaires au détriment des amis réels, qu'il s'isole des autres, il devient alors important de l'accompagner dans un nouveau défi : développer des relations sociales. Voici quelques suggestions :

- *Parlez de la situation, de sa belle imagination et de votre désir* qu'il joue également avec de vrais amis. Il faut que vous fassiez attention à ne pas dévaloriser son imaginaire et, en même temps, l'enfant doit connaître votre intention et l'importance qu'il se fasse des amis... Ainsi, ils pourraient s'inventer encore plus d'histoires tous ensemble !
- *Organisez des moments avec d'autres enfants.* Ne forcez pas votre enfant, mais donnez-lui des occasions de rencontrer d'autres enfants du même âge ; par exemple, il pourrait aller à la garderie un ou deux jours par semaine. Vous pouvez inviter un enfant à venir jouer et observer de loin les interactions du vôtre. Il y a également des lieux de rencontre entre parents où les enfants sont présents et jouent entre eux (CLSC, organismes communautaires...).
- *Cherchez à comprendre les raisons de son retrait.* Si votre enfant est timide, craintif, verbomoteur, agressif, etc., face

aux autres enfants, parlez-en avec lui. Tentez de le soutenir dans ses interactions lorsqu'il sera en contact avec d'autres (par exemple, en nommant son désir de participer, en suggérant des jeux qu'ils décideront ensuite de faire ou pas, en nommant les émotions présentes, etc.) ; le mentionner à l'éducatrice de la garderie pourrait également aider pour qu'elle puisse agir dans le même sens que vous. Attention de ne pas pousser ni forcer votre enfant, car il pourrait se sentir incapable et coupable de ne pas vous faire plaisir. En ce sens, le gronder lorsqu'il se réfugie dans son monde imaginaire pourrait l'inciter à ne pas se faire des amis.

- *Prenez le tout comme un défi pour lui.* À cet âge, il est à l'étape de la socialisation et, pour beaucoup d'enfants, cela constitue un défi. Ceux qui n'ont pas eu la chance d'être en contact avec d'autres enfants auront peut-être besoin d'un peu plus de soutien, d'encouragement. Lorsque vous constatez qu'il réussit à prendre contact avec un pair, ou encore à s'intégrer à un groupe, reconnaissez ses efforts et dites-lui que vous êtes fier de lui !

8

Les pertes et le deuil chez l'enfant

Mise en situation

Laury, âgée de quatre ans, et son père Jacques sont assis ensemble et prennent plaisir à regarder les photos de famille. Ils se rappellent des souvenirs et, par le fait même, Jacques en profite pour parler à sa fille de son histoire à lui, ses parents, ses grands-parents et ce qu'il sait de ses arrière-grands-parents.

Laury s'arrête sur une photo qu'elle pointe à son père en lui disant: « Regarde, c'est grand-papa quand il était jeune ! » Jacques rectifie les dires: « Il n'était pas jeune, ça ne fait que deux ans de cela ! Pourquoi penses-tu qu'il était jeune ? » Laury lui fait remarquer que sur la photo, son grand-père pouvait la porter dans ses bras, chose qu'il ne peut plus faire maintenant. En fait, son grand-père était très près d'elle, il la voyait toutes les semaines et la prenait dans ses bras en lui faisant faire des pirouettes. Puis, il a fait un accident vasculaire cérébral qui lui a laissé des séquelles sur tout son côté gauche. La situation a changé depuis puisque le père de Jacques a dû aller vivre en chambre supervisée et comme il ne peut plus se déplacer par lui-même, ils ne se voient qu'à l'occasion.

> Laury commence alors tout un questionnement autour du vieillissement et de la mort: «Est-ce qu'il va mourir? Et toi, tu vas être malade comme lui? Qu'est-ce que ça fait quand on est mort? Est-ce que grand-papa va redevenir jeune et pouvoir me prendre dans ses bras? Et ton chien Mouski, est-ce qu'il est à la même place que ta maman quand elle est morte?» Jacques ne sait plus quoi répondre, s'impatiente et change de sujet. Il propose alors à sa fille de jouer à un autre jeu en attendant que sa conjointe revienne. Jacques sent bien qu'il est mal à l'aise avec le sujet et toutes les questions de sa fille. Comment expliquer tout cela à un enfant de quatre ans? Et s'il lui disait d'en parler à sa mère? Elle saurait peut-être mieux répondre que lui... Mais en fait, elle est aussi mal à l'aise avec ce sujet que lui... Allons jouer et oublions tout ça!

La perte et la tristesse qui l'accompagne font partie intégrante du cycle de la vie. Certaines personnes sont davantage confrontées que d'autres à ce type d'expérience, mais on peut dire qu'on possède tous, à l'intérieur de soi, la capacité à faire des deuils. Par contre, plusieurs facteurs font que notre société actuelle ne favorise pas le deuil; entre autres, les émotions de tristesse se doivent d'être rapidement réglées, afin qu'on puisse «prendre un autre appel» et finalement éviter d'être réellement en contact avec elles. On peut le comprendre puisque ces émotions font peur et confrontent chaque individu à ses propres pertes, celles oubliées ou refoulées dans l'inconscient. C'est ce que fait le père dans la mise en situation qui, à la fin, préfère aller jouer pour ne pas penser, alors qu'il aurait peut-être pu «panser» sa propre peine.

En ce qui concerne le deuil chez l'enfant, on a longtemps cru bon de le tenir à l'écart puisqu'on le pensait incapable de comprendre la réalité de la mort. Par ailleurs, on sait aujourd'hui que tous les enfants ressentent la perte et le deuil et que chacun comprend à sa manière le bouleversement que cela produit dans sa vie et autour de lui. Raison de plus pour aborder le sujet...

Les différents types de perte et de deuil

Il importe de ne pas sous-estimer l'impact de tout changement ou de toute perte chez l'enfant de même qu'autour de lui. Tant la mort d'un parent, des grands-parents, d'un frère, d'une sœur, d'un oncle, d'une tante, que la maladie d'un de ceux-ci amènent des modifications et influencent la vie et la routine de l'enfant (allers-retours à l'hôpital, diminution de la présence des parents face à l'enfant, etc.).

Pour plusieurs adultes, il est plus facile de mesurer l'impact de la mort ou de la maladie d'un proche. Toutefois, lorsqu'il s'agit de la mort d'un animal, d'un enfant de l'école, d'un voisin, ou encore plus simplement la fin de la garderie ou d'une année scolaire, il est plus difficile de voir les comportements de l'enfant comme réactionnels à ce qu'il peut vivre émotionnellement. Tous ces événements apportent leur lot de pertes et, donc, de deuils. Et on ne peut mesurer leur impact du simple fait que ce soit des pertes qui nous semblent peu importantes. Cela ne se mesure pas et on ne peut banaliser ce que vit la personne intérieurement. Un deuil est en fait une perte, une fin, un changement, et il peut amener toutes sortes de réactions.

Les réactions de l'enfant face au deuil

Selon les enfants, leur âge, l'événement, le réseau de soutien, le contexte dans lequel s'inscrit la situation de deuil, les réactions peuvent être bien différentes. Pour une même situation, certains enfants ont tendance à réagir plus fortement que d'autres de par leur capacité à gérer les situations de deuil et leur sensibilité à celles-ci. Par exemple, un enfant qui a vécu la mort d'un animal et qui a eu du soutien pour surmonter cette épreuve pourra être un peu plus outillé qu'un autre qui ne l'a pas vécu pour vivre ultérieurement le deuil d'un des grands-parents. Aussi, un enfant coincé entre des parents qui se séparent et qui a de la difficulté à faire le deuil que ceux-ci ne reviendront pas ensemble, pourra réagir plus fortement lors de la transition garderie-école. Les enfants ne réagissent pas de la même façon que les adultes face au deuil. Ils ne pleureront pas forcément en lien avec la perte, mais ils vont exprimer autrement leur sentiment pour s'adapter à la situation. Voici quelques réactions possibles de deuil chez l'enfant à la suite d'un décès ou d'une perte ainsi que des suggestions pour accompagner l'enfant dans ce processus.

- *Le questionnement.* Comme dans la mise en situation, la petite fille interroge son père sur la maladie et la mort, et ce, sans s'arrêter. Cela montre son inquiétude, son besoin de savoir et, surtout, d'être rassurée face aux pertes plus déstabilisantes comme celle de son père, de sa mère, ou encore sa propre mort.

- *Les perturbations modérées du comportement et l'hyperactivité.* On retrouve plus souvent des réactions physiques et de l'agitation chez les garçons comparativement aux filles, ainsi que chez les enfants qui n'ont pas la capacité de s'exprimer. Le moyen qu'ils ont trouvé pour s'adapter temporairement aux sentiments difficilement supportables est de bouger.

- *Le retrait, l'isolement et l'inhibition.* Contrairement à la réaction précédente, certains enfants plus timides se renfermeront davantage sur eux-mêmes ou encore s'accrocheront à un des parents par peur de le perdre.

- *L'indifférence.* Il arrive que la perte soit difficile et que l'enfant choisisse involontairement de s'en couper et fasse comme si rien ne s'était passé, ce qui déconcerte souvent l'entourage. Cependant, cette indifférence et ce déni temporaire vont céder la place à l'expression du chagrin lorsque l'enfant sera prêt, si les adultes qui l'entourent le lui permettent.

- *Le jeu symbolique et le dessin.* Certains trouveront la force de jouer «à faire semblant» sur le thème du deuil, ce qui est très sain et va leur permettre de s'adapter à la situation. L'enfant pourra alors faire semblant d'être mort, de faire des funérailles, d'être malade ou encore de ramener dans son jeu ses amis, son éducatrice ou son professeur, c'est-à-dire la personne qui n'est plus là. La même chose peut se retrouver dans ses dessins.
- *L'agressivité.* Il peut arriver que l'enfant ressente de la colère face à la situation. S'il est incapable de la nommer ou qu'un adulte ne l'aide pas à l'exprimer, l'enfant peut la diriger sur d'autres enfants ou des objets. Avec du soutien, cette agressivité ne sera que temporaire.
- *Le changement d'humeur et la régression.* Il se peut que l'enfant pleurniche sans raison apparente, qu'il soit plus susceptible ou à fleur de peau. On peut également trouver des attitudes régressives où l'enfant redevient un bébé, comme recommencer à faire pipi au lit, redemander la doudou, parler comme un bébé, éprouver des problèmes de sommeil, etc.
- *Les rêves et les cauchemars.* Souvent, le rêve permet d'exprimer l'inexprimable; ainsi, l'émotion peut être évacuée par cette voie. Parfois, l'émotion peut être très forte et le rêve se transforme alors en cauchemar.
- *Les difficultés scolaires.* L'enfant peut vivre une période difficile à l'école, un relâchement, une baisse de motivation, comme il est fréquent de le constater à l'approche de la fin de l'année scolaire et des vacances.
- *L'identification à la personne disparue.* Une des façons de garder vivante en soi la personne chère est d'intérioriser bien inconsciemment ses manières d'être. On peut alors

voir apparaître chez l'enfant des comportements, attitudes, expressions ou façons d'être et de penser qui appartenaient à la personne disparue. Cela fait partie du processus de deuil, tant chez les petits que chez les adultes.

- *Les plaintes somatiques.* Parfois, pour contrer la perte et la douleur qui l'accompagne, l'enfant peut temporairement se plaindre de maux de ventre, de cœur ou de gorge alors qu'à l'examen médical tout est correct. Il ne faut cependant pas prendre à la légère ces plaintes pour ne pas que cela devienne le premier réflexe de l'enfant lors d'une épreuve et l'aider à mettre en mots ce qu'il exprime en maux (mal physique).

Comment réagir et quoi dire à l'enfant

Une des réactions à privilégier est l'écoute. Cela peut sembler simpliste, mais si le parent ou l'adulte écoute l'enfant, lui permet de s'exprimer sans chercher à intervenir et résiste à l'envie de faire quelque chose, il saura alors comment l'enfant vit le deuil ou la perte. Ce n'est qu'après avoir écouté l'enfant dans ses mots, comportements, jeux et dessins qu'on peut savoir ce qui conviendra de lui dire. Les propos seront alors moins centrés sur le besoin de l'adulte et plus adaptés à l'enfant. Parfois, le silence est préférable tout en restant présent à l'enfant: écouter le besoin de parler du disparu, le regarder de façon compatissante, provoquer un contact physique, respecter les réactions particulières à chaque enfant sans tout accepter, tout en sachant intérieurement que le deuil et la souffrance auront une fin.

Pour protéger leur enfant de la perte, les parents réagissent souvent en tentant de cacher l'événement ou les sentiments qu'ils éprouvent. L'effet est toutefois plus néfaste car l'enfant risque d'éprouver des sentiments d'abandon, d'incompréhension, de trahison, ce qui rend encore plus difficile le deuil et l'empêche de passer à une autre étape. On peut voir un décès comme un moment pour les parents de parler de leur chagrin, de partager leurs idées sur la mort, le sens de la souffrance, leurs croyances, ce qui va permettre à l'enfant d'affronter la perte.

Pour les enfants de zéro à deux ans, la compréhension de la mort se situe dans ce qu'il ressent autour de lui et dans l'absence. À cet âge, il est plus comme un thermomètre émotif; il faut alors lui parler de ce qu'on vit et ressent (peine, craintes, colère, ennui, etc.). Il peut également réagir par de l'anxiété de séparation, soit vouloir rester collé au parent. La façon de le rassurer est de lui donner de l'attention et de l'affection. Lors des moments de séparation ou du départ du parent, on peut l'aider en lui précisant le plus concrètement possible le moment où il reviendra (après le dodo, la collation...). L'adulte qui reste avec lui peut lui rappeler le moment du retour. Puis, lorsque le parent revient, celui-ci peut lui dire: «Tu vois, je suis de retour comme je te l'avais dit.»

Vers l'âge de trois ans, l'enfant devient plus curieux et pose plusieurs questions sur le monde, et la mort en fait partie. Cependant, il ne comprend pas encore l'aspect définitif de la mort. Il tend alors à ramener à lui les événements pour comprendre (il peut ainsi se sentir responsable de la mort ou du départ de quelqu'un parce qu'il a été méchant) et peut voir la mort comme une maladie contagieuse. Il est donc important de pouvoir rassurer l'enfant en abordant les aspects suivants.

- Il n'est pas responsable de ce qui arrive. Il n'y a pas de lien entre ce qui arrive et ce qu'il a pu dire ou faire.
- Il n'est pas en danger. Il ne lui arrivera pas la même chose, ni à ceux qui l'entourent.
- Ceux qui restent vont continuer à s'occuper de lui et à l'aimer même si l'événement provoque des changements.

C'est davantage vers l'âge de cinq à sept ans que l'enfant réalise l'irréversibilité de la mort. À ce moment, pour rassurer l'enfant, il convient de lui dire qu'on n'oubliera pas la personne, qu'on peut continuer d'en parler, se rappeler des souvenirs et regarder des photos ou des objets qui lui appartenaient.

Les questions de l'enfant seront concrètes et il convient de répondre le plus simplement possible. Par exemple: «Est-ce qu'il fait noir dans la grande boîte?», «Oui»; «Est-ce qu'il aura froid sous la neige?», «Non»; «Il ne respire plus, ne bouge plus, ne parle plus, ne mange plus, etc.», «Tu ne peux plus le voir et il ne peut plus nous voir comme on se voit nous deux, mais on le garde dans notre cœur et on va toujours se rappeler de lui».

Les mots choisis peuvent également induire des questions. Si on parle de la mort en disant que la personne est partie pour un voyage, l'enfant pourra alors demander dans combien de temps elle reviendra. J'ai également vu en thérapie des enfants développer de l'anxiété lors du coucher car ils avaient entendu que mourir était comme s'endormir pour toujours. Il en va de même pour la maladie; avoir mal au ventre pour l'enfant pourrait alors représenter avoir la même maladie que la personne décédée. Il faut donc être attentif aux mots et aux comparaisons qu'on utilise et préciser certains concepts. On peut introduire la mort au processus de vie; par exemple, la comparer aux feuilles de l'arbre à l'automne qui tombent et meurent parce qu'elles cessent de recevoir la sève (comme le sang).

Ce n'est que plus tard, à l'adolescence, soit vers 12 ans, que l'enfant va comprendre et ressentir la mort comme un adulte. Connaître les étapes du deuil peut être d'un grand secours pour les parents; celles-ci ne seront pas développées ici, mais il existe des livres et des sites Internet à ce sujet.

Pour favoriser le processus de deuil

Il existe plusieurs grands principes qui favorisent le deuil ; en voici quelques-uns.

- Garder l'enfant dans la famille au cours de la maladie, dans les derniers moments, les funérailles, l'enterrement et le temps du deuil tout en demeurant présent à ses besoins. Par exemple, répondre à ses questions ou demander à un autre adulte de le faire si c'est trop difficile pour le parent, lui expliquer à quoi s'attendre, s'assurer de son accord pour être présent à l'hôpital ou au salon funéraire et, pour les plus petits, leur offrir des jouets.
- Permettre à l'enfant d'exprimer ses sentiments, de parler et de poser des questions sur le sujet, toujours sans forcer ni insister, et lui laisser le temps dont il a besoin (même si ça prend plusieurs mois).
- Laisser à l'enfant un objet ayant appartenu au disparu (et même dormir avec s'il le désire) ou encore des photos qu'il pourra afficher ou retirer des murs à sa convenance.
- Autoriser l'enfant à exprimer son expérience à travers ses jeux et dessins, sans l'interdire de faire ou de dire quelque chose. Il peut même faire un dessin au disparu ou lui écrire.
- Proposer à l'enfant de raconter les rêves qu'il a faits la nuit. On peut même lui suggérer de dessiner son rêve ou son cauchemar pour favoriser l'extériorisation des sentiments.
- Se rappeler la personne après un an ou encore à des fêtes (Noël, les vacances, l'anniversaire...) en en parlant, en achetant des fleurs, en écrivant un poème, etc.
- Lire des livres à l'enfant sur ce qu'il vit (la mort, la séparation, la maladie, l'arrivée dans un nouveau quartier, etc.). Le livre de Robert Munsch, *Je t'aimerai toujours*, est une courte histoire très touchante qui parle des étapes importantes de la vie : bébé, enfant, adolescent, adulte, vieillard, mort et continuité de la vie.

- Faire des rituels pour souligner la fin de quelque chose, un déménagement, un départ (par exemple, organiser une fête de départ, échanger un objet ou un dessin, etc.).
- Parler à l'enfant de ce que le parent a vécu dans une expérience similaire antérieure ou de ce qu'il vit présentement dans cette situation.

L'enfant devrait-il aller au salon funéraire ?

Il est facile de fuir ce rituel, de trouver plusieurs bonnes raisons pour ne pas y assister. Par contre, il est important de savoir que le deuil va être favorisé par ce rituel car il rend la mort réelle et concrète. L'enfant aura des souvenirs non seulement de la personne vivante, mais aussi de la personne sans vie. Cela permet à l'enfant de participer à l'émotion de la famille, de voir et de ressentir comment peut se vivre un deuil. Un adulte peut être désigné pour accompagner l'enfant et le soutenir au besoin. On peut également le préparer à l'avance sur ce qu'il verra et comment cela va se dérouler. Si l'enfant refuse d'y assister, il est préférable de ne pas insister, de vérifier ses raisons et de le rassurer si tel est le cas. Sinon, il pourra toujours faire un dessin, écrire un texte, acheter des fleurs, etc.

Des signaux d'alarme

Il serait sage de demander de l'aide auprès d'un professionnel de la santé (médecin, CLSC, psychologue scolaire ou en bureau privé) pour l'enfant si :

- la tristesse et les émotions de l'enfant deviennent excessives ;
- les parents se sentent impuissants et ont de la difficulté à soutenir leur enfant et à lui être présents ;
- l'environnement social est difficile (école, amis, famille...) ;

- le sentiment de culpabilité augmente à la suite d'une mort traumatisante (accident, suicide) ;
- les cauchemars persistent et perturbent le sommeil.

En pratique et dans la littérature, on constate que l'enfant qui n'a pas pu faire son deuil, exprimer son chagrin et parler autant qu'il le voulait de la personne disparue pourra développer des complications sur les plans physique, psychologique (état dépressif)[13] et comportemental lorsqu'il sera adulte. Quant aux enfants ayant vécu des pertes significatives et à répétition, des déménagements avec des difficultés d'adaptation, ils pourront éprouver des difficultés dans leurs relations affectives une fois adultes. Ce qui n'empêche pas ces enfants devenus adultes de régler ces problèmes au moment opportun...

Tranche de vie

Si le parent se sent mal à l'aise face à la mort, il peut toujours en parler à quelqu'un avant d'aborder le sujet avec l'enfant lorsque ce sera le temps. C'est ce que j'ai fait il y a quelques années alors que je devais prendre la décision de faire euthanasier notre vieux chat. J'en ai parlé à des amis et collègues pour voir clair et trouver les bons mots pour répondre à ma fille qui était à l'âge de poser des questions. Je lui ai expliqué, avec des images du corps humain, que le cœur cesse de battre quand la personne cesse de respirer, qu'elle n'a plus jamais mal ; qu'elle ne ressent plus la peine ni le plaisir mais que tout arrête pour elle alors que les autres autour continuent de vivre et peuvent ressentir de la peine de ne plus la voir. Puis, elle a fait bifurquer la conversation sur la mort de ses parents. Je l'ai rassurée de mon mieux en lui disant que les parents meurent normalement quand les enfants sont devenus grands et ont moins besoin d'eux car ils ont leurs propres famille et amis. Sur un ton plus humoristique, j'ai ajouté que je voulais mourir très vieille parce qu'il y a beaucoup de choses que je veux faire dans la vie et aussi connaître mes petits-enfants !

Pour nous aider à faire notre deuil, comme c'est un chat et qu'il n'y a pas de funérailles, nous avons décidé de lui en faire. Nous avons choisi des photos de lui et des objets lui appartenant que nous avons mis dans une boîte, enterrée dans un coin de notre cour, en prenant soin d'y placer par-dessus une pierre avec son nom et un dessin. Ainsi, nous avions la possibilité de nous rappeler notre chat, d'en parler, de regarder d'autres photos que nous avions conservées. Aujourd'hui, ma fille en parle à l'occasion, lorsqu'elle revoit des photos du chat ou encore lorsque le thème de la mort est abordé, comme si c'était une référence pour elle. Façon de procéder idéale ou pas pour faire le deuil ? Je ne sais pas, mais je sais que cela a été la meilleure façon pour nous de faire notre deuil à travers notre réalité.

Il faut se rappeler que les enfants ont la capacité de faire des deuils et de survivre aux pertes et aux changements, à condition qu'on leur dise la vérité, qu'on leur permette de poser des questions, d'exprimer leurs sentiments et d'entretenir les souvenirs. À partir de tous les principes énoncés dans ce chapitre, il appartient maintenant aux parents d'utiliser leur créativité pour les intégrer à leur réalité...

Pour en savoir plus sur le sujet

- *Boule de lumière*, conte pour l'enfant en deuil de Lucie Roberge, Éditions de la Fondation littéraire Fleur de Lys.
- *Parler de la mort*, de Françoise Dolto, Mercure de France.
- *Si on parlait de la mort*, de Catherine Dolto-Tolitch, Gallimard Jeunesse.
- *Le deuil, y'a pas de mal à être triste*, de Michaelene Mundy, Éditions du Singe.

- Voir aussi les livres de ces auteurs : Josée Masson, Élisabeth Kübler-Ross, Dana Castro, Patrick Ben Soussan et Isabelle Gravillon.
- http://www.ricochet-jeunes.org.

Réflexion

1. Quelles étaient les croyances par rapport à la mort quand j'étais jeune ?

   Moi :

   Mon conjoint :

2. Quelles croyances ai-je maintenant sur la mort qui m'aident et que j'ai le goût de transmettre à mes enfants ?

   Moi :

   Mon conjoint :

   Ce que nous désirons transmettre tous deux aux enfants :

3. Quelle a été ma dernière perte ? Comment ai-je vécu mon deuil ?

   Moi :

   Mon conjoint :

9

Le développement psychosexuel de l'enfant

« Papa, regarde la madame, elle a des gros seins ! » Malaise...

J'ai décidé d'aborder ce thème parce qu'il demeure toujours tabou et que l'adulte est souvent mal à l'aise lorsqu'il doit répondre aux questions de l'enfant. Cette curiosité parle de la soif d'apprendre du jeune enfant que tout adulte porte également en lui. Nous pouvons le constater par l'abondance des émissions de radio et de télé, des articles et des livres ainsi que tous les sites Internet qui portent sur le sujet. Pour reprendre les propos de la sexologue Jocelyne Robert lors d'une conférence : « Nous vivons dans une société paradoxale où la sexualité, parfois crue, est de plus en plus accessible au jeune, mais où l'éducation à la sexualité demeure encore peu présente. »

Selon des statistiques, seulement une famille sur trois ferait une éducation sexuelle adéquate et celle-ci serait faite principalement par les mères envers leurs filles[14]. Alors, messieurs, à vous de modifier ces tendances et d'amener un équilibre dans l'éducation sexuelle de vos enfants ! Peut-être trouverez-vous votre place de père dans les pages qui suivent...

Pour savoir où on veut aller, regardons d'où on vient

Revenons à ce que Freud, père de la psychanalyse, a apporté à notre compréhension de l'être humain: il englobait le développement sexuel, et pas seulement le côté génital, dans ce qu'il appelait la pulsion de vie ou libido ou Éros (le dieu grec de l'amour). Ainsi, la libido serait une énergie vitale qui pousse à rechercher le plaisir. Elle est présente de la naissance jusqu'à la mort et fait appel à tous les sens. Elle n'est donc pas le fait d'un âge en particulier, et la manière dont elle est vécue diffère d'un âge à l'autre et d'une personne à l'autre selon le vécu et l'expérience propres à chacun.

Pour comprendre l'état actuel de la sexualité, rappelons vitement certains faits. Au début, elle était réservée à la procréation et il n'était surtout pas question de prendre plaisir à la chose... Le plaisir relié à la sexualité faisait appel au démon et était péché. Par la suite, dans les années 1970, la révolution sexuelle a bouleversé les rôles de chacun des sexes; ainsi, les femmes ont envahi le marché du travail, ont eu accès aux contraceptifs oraux et ont pu recourir à l'avortement. De nos jours, malgré tout ce à quoi on est exposé, on constate, par exemple, de l'inconfort à parler de la sexualité chez les enfants, chez les personnes âgées, chez les homosexuels. Pourquoi? Entre autres parce que ça touche la notion de plaisir. Dans le même ordre d'idées, si on projette la notion de plaisir plus loin dans le quotidien, on peut voir qu'il est encore difficile pour plusieurs de se laisser aller à prendre plaisir et à s'amuser dans leur rôle de parents. Je rencontre régulièrement des couples en thérapie où la femme repousse les marques d'affection du conjoint car elle n'a pas le temps, ou encore qui sont stressés par tout le travail qu'il y a à faire et placent au dernier rang le temps consacré au plaisir en famille, en couple et individuellement.

Il appartient donc aux parents, premiers modèles d'identification des enfants, de guider ceux-ci dans une sexualité positive, source de mieux-être et d'épanouissement. Comme nous sommes dans une ère où la performance, le perfectionnisme et le corps en tant qu'objet (par opposition à sujet) dominent dans les différentes sphères de la vie et affectent ainsi la sexualité des jeunes, présentons aux enfants des modèles réalistes d'amour, de partage, de respect et visons leur bien-être dans leur identité d'homme et de femme. Élaborons les mots, les faits et gestes qui peuvent aider en ce sens et gardons en tête les aspects positifs à transmettre sur la sexualité : plaisir, amour, affection, désir d'enfant et procréation, sentiments, échanges, séduction, respect de soi et de l'autre, partage, consentement de couple et projet...

Les phases de développement

Le bébé

Au-delà de la sexualité, il y a la sensualité ; le corps qui découvre d'abord, et celui à découvrir par la suite. Le bébé est au tout début à la fois passif et réceptif à son environnement. Il reçoit des sensations multiples, et c'est ce qui le domine : il entend des sons et reconnaît la voix du père (selon certaines études, ce serait avant celle de la mère) ; voit de mieux en mieux ; se réconforte dans le corps à corps avec l'adulte et le tendre toucher ; avec son réflexe de succion, il goûte au lait, à la sucette, à ses mains, etc. Le bébé nage ici dans la sensualité comme s'il était une grosse boule de sens qui reçoit des sensations agréables et rassurantes qu'il continuera à rechercher toute sa vie.

Lorsque le bébé acquiert le contrôle de ses mouvements, commence alors une phase plus active qui durera jusqu'à la propreté, soit de tout porter à sa bouche. La zone principale du plaisir chez le tout jeune enfant se trouve dans la tétée et le goûter. On voit souvent chez les enfants plus vieux qui désirent se rassurer adopter des comportements qui viennent de cette époque : s'endormir en sentant l'odeur d'un toutou ou d'une doudou, dormir avec le chandail de papa qui est parti, mâchouiller son chandail dans une période de stress et de changement, etc. Même les adultes en gardent des souvenirs : mâcher de la gomme, porter à sa bouche son crayon, manger ses doigts, prendre plaisir à goûter un vin ou un repas, être sensible à l'odeur des parfums ou des huiles essentielles, etc.

Il est donc important de reconnaître cette période de l'enfance où il y a un plaisir à découvrir par les sens, à « goûter » à la vie, au sens propre comme au sens figuré. Il faut également laisser à l'enfant la possibilité de régresser temporairement à cette phase de réconfort. Lorsque c'est le cas, il faut dire à l'enfant qu'on comprend son besoin de se réconforter par les gestes qu'il fait dans un moment plus difficile, qu'on est confiant que cela ne durera qu'un temps et qu'il va continuer à grandir.

Vers 18 mois ou le terrible two

Marie s'affaire à préparer sa fille Alexia, âgée de deux ans, pour la garderie. Cette dernière est adorable, lui fait des câlins, des bisous et des sourires avec des yeux charmeurs. Elle séduit sa mère, quoi ! Puis, comme elles sont physiquement proches toutes les deux, Alexia touche les seins de sa maman. Marie prend doucement les mains de sa fille et lui dit d'un ton ferme mais sans colère : « Non ! On ne touche pas aux seins de maman. C'est à moi, ce sont mes parties privées. Toi aussi, tu as des seins qui vont grossir quand tu seras plus grande. » Alors, Alexia échappe à sa mère qui lui court après pour continuer la préparation à la garderie. Marie s'impatiente et finit par attraper sa fille et à l'habiller, même si cette dernière se débat. Une fois assise dans l'auto, Marie soupire et transpire de chaleur tout en se demandant comment sa fille peut faire pour devenir aussi exécrable.

C'est en effet le comportement d'un enfant de dix-huit mois à deux ans et demi environ, qui fait naître chez les parents des sentiments ambivalents, tantôt positifs, tantôt négatifs. Pourquoi est-ce ainsi et quel est le lien avec notre sujet? Les enfants de cet âge entrent dans une phase du développement psychosexuel exigeante pour l'environnement, mais surtout pour eux-mêmes. C'est la phase dite anale, du contrôle interne, du contrôle des sphincters pour l'apprentissage de la propreté; du même coup, l'enfant réalise tout le pouvoir que cela lui procure. On voit souvent des enfants de cet âge prendre plaisir à se promener nus. L'enfant doit donc apprendre à vivre avec les exigences de l'environnement qui sont de plus en plus grandes (être propre, bien manger, ne pas faire ceci ou cela, ne pas toucher à ses selles, etc.), et composer avec des tensions internes qui le poussent à découvrir le monde sous l'impulsion.

L'enfant est dans la recherche du plaisir et la fuite du déplaisir, ce qui l'amène à être dans l'action-réaction: j'ai le goût de toucher alors je touche, un enfant m'enlève un jouet alors je le mords ou je le frappe, etc. C'est un âge où les parents trouvent leur enfant adorable et charmant puis, d'une minute à l'autre ou d'une journée à l'autre, il se transforme en un monstre et fait des crises, ou encore refuse obstinément de coopérer. C'est comme si l'enfant cherchait à développer et à intégrer ses repères internes: les interdits, les sources de plaisir acceptables en société, le contrôle et le laisser-aller, les bons comportements et les mauvais, ainsi que les bases de son identité de petit homme ou de petite femme. Le changement brusque de comportement montre bien tous les inconforts, les tensions et les frustrations qui se passent à l'intérieur de l'enfant qui traverse cette étape.

À cet âge, l'enfant se trouve dans une phase importante de son processus d'individuation: devenir quelqu'un à part entière, avec ses besoins et ses désirs, ses forces et ses limites, sa personnalité. Il cherche alors à s'affirmer auprès de ceux qui prennent soin de lui, à prendre quelque peu ses distances de ceux-ci et à affirmer sa personnalité. Il s'agit donc d'une étape importante à respecter; on doit offrir à l'enfant des choix et lui mettre des limites, tout comme dans l'exemple précédent. Cela ne change en rien la frustration de l'enfant lorsqu'il se fait dire non et l'exprime par la suite en se sauvant de sa maman. Toutefois, cette frustration est nécessaire et va aider l'enfant à respecter son corps et à se faire respecter en prenant pour modèle l'adulte. C'est un peu comme si l'enfant intégrait ceci: «Je ne laisserai pas toucher mon corps par n'importe qui, n'importe quand, car je peux dire non. Et si je touche le corps d'un autre, je peux me faire dire non.»

C'est une première étape pour prémunir l'enfant contre des abus potentiels et pour ne pas le laisser dans le sentiment qu'il est tout-puissant et peut faire tout ce qu'il désire. D'ailleurs, Françoise Dolto mentionne que laisser l'enfant jouer avec le corps du parent sans mettre de limites procure un plaisir certes, mais qui a des conséquences: l'enfant ne sait plus qui est l'adulte et qui est l'enfant. Cela peut «déréaliser» l'enfant par rapport à son corps et surexciter précocement sa génitalité[8].

Autour de deux ans et demi

> Maxime, âgé de deux ans et demi, regarde son papa uriner. Il veut toucher au pénis de son papa, mais ce dernier refuse en se tassant. Alors, Maxime regarde son propre pénis et dit: «C'est mon pipi à moi! Maman, elle n'en a pas!»

Voilà maintenant que l'enfant entre dans un stade phallique (autour de deux ans et demi à six ans) où l'intérêt et la curiosité de l'enfant se tournent vers les organes génitaux et la différence des sexes. C'est la période de la découverte des sensations liées au plaisir de toucher les parties génitales, de la comparaison avec le corps des autres (voir, observer, toucher) pour se conforter dans son identité sexuelle de garçon ou de fille. Comme le mentionne Jocelyne Robert, sexologue, on peut comprendre qu'il puisse être rassurant pour l'enfant de comparer son corps à un autre enfant du même âge plutôt qu'à l'adulte...

Il est alors recommandé de parler à l'enfant en utilisant les vrais mots ; par exemple, dire que les garçons ont un pénis et les filles, une vulve. Comme dans l'histoire de Maxime, le père pourrait rectifier les propos de l'enfant en lui disant qu'il a effectivement un pénis (et non un « pipi ») parce qu'il est un garçon, que c'est par le pénis que sort le pipi et que sa maman a une vulve d'où sort son pipi parce qu'elle est une fille. Après cette brève explication, il est fréquent de voir l'enfant demander si grand-papa, grand-maman, l'oncle, la tante, l'éducatrice et les amis ont un pénis ou une vulve, afin de vérifier sa compréhension du monde. Plus l'enfant avance en âge, plus on pourra ajouter des éléments selon les questions qu'il posera.

> Anne-Sophie, trois ans : « Quand je serai plus grande, j'aurai un pénis et je ferai pipi debout moi aussi ! »
>
> Samuel, quatre ans : « Moi aussi, je voudrais avoir un bébé dans mon ventre quand je serai grand ! »

L'identité sexuelle de l'enfant s'affirme à mesure qu'il se détache de sa mère, qu'il reconnaît sa différence face à elle, puis face aux autres. Dans les deux exemples précédents, nous sommes en présence du constat de la différence des sexes où chaque enfant aura à faire le deuil de ne pas avoir les deux sexes en lui. Il est ou bien un garçon avec un pénis qui fait pipi debout, ou bien une fille avec une vulve qui, plus tard, verra ses seins grossir et pourra porter un bébé si elle le désire. Le parent peut dire à l'enfant qu'il comprend son désir de vouloir sentir ce que c'est d'être l'autre sexe en faisant comme si elle avait un pénis (lorsque la petite fille tente de faire pipi debout) ou comme s'il portait un bébé (lorsque le petit garçon montre un gros ventre). C'est ainsi que le besoin de s'identifier au parent du même sexe vient prendre de l'importance pour l'enfant. La fillette fera comme maman et le garçon comme papa, ce qui est souvent très flatteur pour le parent du même sexe.

Ce constat de la différence des sexes pour l'enfant amène la question suivante: «Comment fait-on les bébés?» Cette question apparaît également lorsque l'enfant est en contact avec une femme enceinte ou un nouveau bébé. Selon Françoise Dolto, la découverte du rôle du père dans la conception permet au garçon de renoncer à porter des enfants et de s'affirmer dans son sexe, et à la fille de se décentrer de sa mère[15]. L'explication de la conception vient également inscrire l'enfant dans une lignée: il provient de ses deux parents et ces derniers des grands-parents, et ainsi de suite, et lui ouvre un avenir: lui aussi aura des enfants s'il le désire. Il est donc important de nommer les vraies choses à l'enfant; c'est structurant pour lui, mais il faut toutefois faire attention à ne pas le submerger d'informations complexes qu'il ne pourra retenir. Jocelyne Robert et Jo-Anne Jacob, toutes deux sexologues, ont écrit une série de fascicules bien imagés sur la sexualité des enfants qui sont fort intéressants à consulter pour les parents avec leur enfant (de zéro à douze ans). Je suggère de répondre à l'enfant selon son âge et par étapes, c'est-à-dire en suivant l'apparition des questions de l'enfant, sans le devancer.

Pour commencer, surtout pour les plus jeunes, on peut dire que «c'est une graine qui vient du papa qui rencontre un œuf dans la maman, qui va se développer et devenir un bébé». Pour ne pas parler que de la «mécanique» du processus, on peut introduire nos valeurs: «C'est lorsque les parents s'aiment très fort et qu'ils désirent un bébé qu'ils vont se coller tous les deux et avoir du plaisir ensemble.»

Pour les cinq à six ans qui s'interrogent sur le comment des choses ou pour ceux qui posent la question: «Comment la petite graine rentre dans le ventre de la maman?», on peut répondre plus concrètement en utilisant les vrais mots: faire l'amour, pénis, vagin, utérus. En voici un exemple: «Les parents vont faire l'amour. Le papa va introduire son pénis dans le vagin de la maman pour y déposer des graines, et une seule va rencontrer l'œuf de la maman qu'on appelle ovule. Puis, la graine et l'œuf vont nicher dans l'utérus de la maman; c'est comme la poche des mamans kangourous mais qu'on ne voit pas...» L'important n'est pas de répéter mot à mot cette explication, mais d'utiliser les mots qui rendent le parent le plus à l'aise possible.

À ce moment, la porte s'ouvre sur une série de questions: «C'est quoi faire l'amour?», «Pourquoi les gens font l'amour?», «Ça doit faire mal à la maman, le pénis?», «Moi aussi, je ferai ça un jour?», «Comment le bébé sort du ventre? Par où il passe?», etc. Pour y répondre, je suggère aux parents de se faire confiance et de se servir de livres pour enfants (voir la liste à la fin de ce chapitre, à la page 108). Quand il s'agit de questions qui viennent du garçon et qui touchent les aspects masculins, il importe que ce soit le père qui réponde; il en va de même pour la fille dans ses questions touchant la féminité. Si une question embarrasse le parent, celui-ci peut répondre simplement: «Ta question m'embarrasse, je vais y réfléchir et te revenir avec la réponse», ou encore «Je ne connais pas la réponse à ta question, mais je vais me renseigner et nous pourrons la chercher ensemble». Pour ma part, j'ai tendance à retourner la question à l'enfant avant de lui répondre pour voir où il se situe dans son raisonnement et ainsi trouver les mots qui seront le plus appropriés. Cette façon de faire donne au parent le temps de réfléchir à sa réponse. En outre, c'est réconfortant pour l'enfant de réaliser qu'il peut réfléchir par lui-même, trouver des réponses à ses questions, qu'il vaut la peine d'être écouté.

Le complexe d'Œdipe

Arianne, trois ans, dit tendrement à son père avec un regard admiratif: «T'es beau, papa!»

Justin, cinq ans, dit de façon bien innocente à son éducatrice: «J'aimerais bien que papa soit mort et que je sois seul avec maman.»

Élias, quatre ans, exprime à sa maman qu'il va se marier avec elle quand il sera grand.

Sarah, cinq ans, crie à sa mère: «T'es méchante! Je ne t'aime plus! Papa est plus gentil que toi!»

Voilà quelques exemples isolés et simplistes qui montrent ce que vit intérieurement l'enfant qui se trouve dans la phase œdipienne. Pourquoi en parler? Pour aider les parents à comprendre certains comportements de leur enfant issus d'une phase importante qu'il va traverser et ainsi les accompagner. Je ne m'en tiendrai qu'aux situations qui reviennent le plus souvent; pour une description plus détaillée, il vous faudra pousser plus loin vos lectures.

C'est au moment de la prise de conscience de la différence des sexes que l'enfant entre dans ce fameux complexe d'Œdipe, nom donné par Freud pour cette situation psychologique particulière voulant que le garçon devienne amoureux de sa mère et rival de son père. Avant toute chose, il faut se rappeler que dans cette tranche d'âge, soit entre trois et six ans, l'imaginaire des enfants est fertile, qu'ils n'ont pas encore développé leur côté logique et rationnel et qu'ils sont poussés par leurs désirs qu'ils prennent pour la réalité. Ajoutons quelques éléments pour préciser leur vécu intérieur et qui affectent l'entourage.

Pour le garçon

Constat de la différence des sexes. Étant donné tout ce qui se passe dans sa conscience grandissante des autres et de lui-même, le petit garçon a besoin de se détacher un peu de la mère pour devenir plus autonome et développer son identité. Son champ social s'élargit.

Introduction du père dans la relation mère-fils et séduction. L'enfant réalise que sa famille ne se limite pas exclusivement à sa mère et à lui, qu'il y a une troisième personne qui accapare la mère différemment de lui : le père (ou le représentant masculin). Il voit bien que son père ou l'amoureux apporte quelque chose que lui-même aimerait donner à sa mère qu'il cherche à séduire : conversation d'adulte, sourire complice, baisers sur la bouche, marque de tendresse, lit parental... C'est à ce moment qu'on voit le garçon faire intrusion dans les conversations, chercher à s'asseoir à côté de la mère, à vouloir dormir dans le lit des parents (entre papa et maman). Pour aider l'enfant à vivre sainement une relation à trois et pour préserver le couple, il importe que les parents (ou le parent qui est séparé) précisent à l'enfant les positions de chacun : l'enfant est aimé comme le fils de sa mère et de son père, papa et maman sont amoureux et lui aussi trouvera une amoureuse de son âge.

Frustration face à la mère. Le petit garçon peut se sentir exclu de cet attachement privilégié, ce qui va le frustrer. Ce sentiment nécessaire va pousser l'enfant à grandir et à manifester des sentiments de colère à l'égard de sa mère qui ne répond pas à ses avances et, qui plus est, continue d'imposer une éducation et des règles. À ce moment, on voit souvent des garçons qui refusent de faire ce que la mère demande, qui font semblant de ne pas entendre ce qui est demandé, et des mères qui ne reconnaissent plus leur garçon si docile qui maintenant s'oppose à tout ce qu'elle dit et qui rouspète.

Identification au père. Le garçon va vivre aussi de la frustration envers ce père qui possède une relation privilégiée avec la mère. Cependant, l'enfant aura des sentiments différents envers lui : il aime son père, a besoin de lui, l'envie d'être ce qu'il est et d'avoir un pouvoir d'autorité. Cela l'amène donc à admirer son père, à vouloir le copier tant dans les travaux quotidiens, les sports et les jeux que dans la manière d'être : gestes, habillement, force physique, etc.

Rivalité et compétition avec le père. Dans son for intérieur et son imaginaire, même si l'enfant aime et admire son père, il le déteste en même temps de l'empêcher d'avoir sa mère à lui tout seul. Il est son rival, cherche à gagner, à se montrer plus fort. Comme les sentiments sont intenses à cet âge, l'enfant pourra désirer que son père disparaisse ou soit exclu. On le voit souvent dans les dessins où l'enfant n'inclut pas son père ou encore qu'il se dessine aux côtés de sa mère tandis que son père se trouve à l'autre extrémité de la feuille. Ses histoires, jeux de rôles et de combats tournent autour d'une figure masculine blessée, malade ou morte. Rappelons que tous ces jeux aident l'enfant à canaliser son agressivité et sont à valoriser.

Sentiment de culpabilité et angoisse. Dans ce mouvement de rivalité, l'enfant va se sentir coupable de vivre de tels sentiments et va croire que son père éprouve les mêmes envers lui. Dès lors, il entretiendra dans son imaginaire des craintes d'être puni sévèrement par celui-ci. C'est là qu'apparaissent souvent des cauchemars et des peurs liés aux monstres et aux animaux féroces (requins, loups, lions, etc.). C'est comme si ceux-ci symbolisaient le père et la punition possible qui est ressentie comme angoissante par l'enfant (ce qu'on appelle en psychologie l'angoisse de castration). La capacité du père à recevoir cette agressivité (paroles blessantes, tentatives de coups, rejet...) tout en maintenant les limites à faire respecter (mettre des mots sur la colère de l'enfant, appliquer des conséquences aux gestes inacceptables, ne pas rejeter l'enfant même s'il se sent rejeté lui-même) et en ayant toujours une attitude aimante envers son garçon (jeux amusants, jeux de compétition, gestes d'affection, conversation entre gars), aidera l'enfant dans cette traversée périlleuse.

Pour la fille

Constat de la différence des sexes. La petite fille constate qu'il existe un autre sexe que le sien et celui de sa mère. Elle sera attirée d'abord par cet attribut que son père possède et qu'elle n'a pas, ce qu'elle vit d'abord comme une absence, un manque. On voit régulièrement les petites filles vouloir faire pipi comme leur père (frères, cousins, amis...), se tenir les parties comme le ferait un garçon, dire ouvertement que son pénis va pousser, tenter de toucher au pénis de l'autre parfois subtilement et d'autres fois, franchement.

Frustration face à la mère. Comme la fille est du même sexe que sa mère et qu'elle aimerait posséder l'autre sexe, elle va développer une certaine agressivité envers sa mère car elle la croit responsable de ce qui lui arrive. À ce moment, la fille devient agressive et s'y oppose. Elle peut être insolente, traiter sa mère de méchante, lui dire qu'elle ne l'aime plus, que *son* papa est plus gentil qu'elle, etc.

Tentative de séduction du père. La fille va donc se tourner vers son père pour tenter de posséder cet autre sexe. Elle cherche à le séduire : elle l'embrasse, se serre contre lui, est mielleuse, lui chuchote des mots doux à l'oreille, le valorise (beau, bon et fort !). Avouons que c'est très plaisant et valorisant pour le père qui occupe enfin une place privilégiée puisque, jusqu'à maintenant, c'était la mère qui était plutôt réclamée ! Par contre, le père doit faire attention à ne pas devenir complice de cette séduction, à ne pas écarter sa conjointe. Il doit continuer de former un couple amoureux et, par ses paroles, il doit placer chacun à sa place : l'enfant sera toujours aimée par le père et la mère comme une fille, le père sera toujours amoureux de la mère, et la petite fille aura aussi plus tard un amoureux à son goût et de son âge. Tout cela aidera la fille à passer à un autre niveau. Le père peut aussi rassurer sa fille en lui disant qu'il est convaincu que les garçons de son âge vont la trouver séduisante et qu'elle pourra choisir le bon pour elle le moment venu.

Rivalité avec la mère. Amoureuse de son père mais déçue que ses efforts pour le séduire la placent dans une position de fille et non d'amoureuse, elle devient donc une rivale de la mère: elle cherche à gagner ou à avoir le dernier mot dans les règles de vie imposées par la mère, elle vit des moments de crise, elle éprouve une colère intense si la mère gagne durant un jeu, etc. Il importe pour la fillette, pour son estime de soi et pour lui éviter qu'elle sente une emprise totale, de vivre des petites victoires qui n'ont pas d'impacts sur la famille; par exemple, lui laisser choisir un vêtement ou une activité, jouer à des jeux de hasard où elle court la chance de gagner, la valoriser dans ce qu'elle réussit à faire seule. Durant cette période, la fillette a un goût marqué pour les personnages de princesses ou les histoires dans lesquelles l'héroïne principale est malmenée (ou l'inverse) par une femme ou une reine méchante (qui représente en quelque sorte la rivalité mère-fille).

Sentiment de culpabilité et angoisse. Un peu comme chez le garçon, la petite fille va se sentir coupable de ses sentiments de colère, de haine et de désir d'éliminer la mère, celle qui lui a apporté tant de soins et dont elle a encore bien besoin. On peut voir apparaître des cauchemars ou des peurs envers des personnages (comme des méchantes, des sorcières ou des gens qui viennent lui enlever quelque chose).

Identification à la mère. Croyant que sa mère éprouve les mêmes sentiments de rivalité à son égard, elle craindra de perdre l'amour de celle-ci, ce qui la poussera à vivre des moments de réconciliation et de rapprochement avec elle pour lui ressembler et lui faire plaisir. Dans ce mouvement d'identification à la mère, on verra apparaître certains comportements: elle se maquillera ou se coiffera comme sa mère, cuisinera avec elle, parlera aux plus jeunes enfants comme sa mère fait avec elle, jouera à la maman et s'habillera avec les vêtements de sa mère, s'intéressera aux activités de sa mère, prendra partie pour elle, utilisera les mêmes expressions ou attitudes que sa mère, valorisera la féminité et la possibilité de porter un jour un bébé.

***

Lorsque l'enfant entre dans son complexe d'Œdipe, il fait vivre toute une gamme d'émotions à ses parents qui se voient à nouveau confrontés à leur enfance, à la façon dont ils ont vécu et résolu leur propre complexe d'Œdipe. Certains vont se sentir rejetés, d'autres vont se livrer à une bataille sans fin, d'autres encore vont s'éloigner du conjoint pour laisser une grande place à l'enfant. Hasard ou non, il est fréquent de voir des couples se séparer lorsque l'enfant entre dans cette période turbulente. Il importe avant tout que les parents comprennent ce que cela évoque en eux (rejet, conflit, retrait...) pour éviter une rivalité destructrice entre eux et ainsi entretenir une relation aimante et bienveillante.

Tant pour le garçon que pour la fille qui aura un jour une vie adulte, il est rassurant et structurant de voir que ses parents sont un couple et le demeurent malgré tout ce qu'il leur fait vivre. Il en va de même dans les familles monoparentales : l'enfant réagira mais sera rassuré intérieurement que le parent conserve une vie d'adulte avec des activités d'adulte et a une ouverture pour un partenaire éventuel. Le père ou celui qui fait office d'image paternelle est très important dans cette phase car il vient, pour le garçon, mettre une distance saine entre le fils et sa mère alors que pour la fille, il instaure une confiance en elle et le sentiment qu'elle est charmante et aimable.

Bien que cette situation soit complexe (sans faire de jeu de mots), lorsque les parents font vivre à l'enfant la déception de ne pas avoir une place privilégiée auprès du parent de l'autre sexe, qu'ils maintiennent leurs limites, qu'ils placent chaque membre de la famille à sa place et dans son rôle tout en maintenant l'amour qu'ils ont envers eux, ils permettent à leur enfant de dépasser la situation œdipienne. Par cet interdit de l'inceste dans la famille, l'enfant sait qu'il devra se tourner vers l'extérieur de la famille pour trouver quelqu'un et que ce sera permis et valorisé par les parents le moment venu. L'attitude des parents peut aider grandement l'enfant à se sortir de ce conflit et, éventuellement, à vivre une situation amoureuse à son tour. Il est bon de voir apparaître un sentiment de culpabilité chez l'enfant lié à cette phase parce qu'il le rend capable de tenir compte de l'autre et, éventuellement, de se remettre en question dans une relation.

Au sortir de l'Œdipe (vers six ou sept ans)

Voilà maintenant l'enfant qui entre dans une phase nommée période de latence, où les désirs pulsionnels et la curiosité sexuelle vont laisser place aux activités sociales et intellectuelles (jusqu'au début de la puberté). Cette période coïncide également avec l'entrée à l'école. La curiosité sexuelle sera réorientée vers la curiosité à apprendre, à découvrir et à comprendre de nouvelles choses et notions. L'enfant sera plus ouvert non seulement à de nouveaux apprentissages, mais aussi à de nouvelles activités, à expérimenter de nouvelles amitiés, des activités créatives, des sports et, finalement, des histoires d'amour (vécues selon son âge).

C'est l'époque du clan unisexe: les gars avec les gars, les filles avec les filles. Ils peuvent avoir des amoureux en secret, mais, devant les autres, le sexe opposé est ridicule. Chacun s'identifie aux personnes du même sexe. Il y a aussi beaucoup de moqueries envers l'autre clan.

> Filles: «Je veux pas de *chum*, c'est trop bébé!», «Il n'est même pas bon!».
>
> Garçons: «Les filles, c'est con!», «Ouache! Je n'embrasserai jamais une fille!».

Comme parent, on peut écouter et respecter ce que vit l'enfant, l'entendre sans nécessairement être d'accord avec lui. En ce sens, si l'enfant demande au parent ce qu'il pense de l'autre sexe, ce dernier peut parler de ce qu'il vivait au même âge tout en lui exprimant comment cela a changé et ce qu'il vit actuellement. Si l'enfant dit: «Moi, ce ne sera pas comme ça!», le parent n'a pas à le contredire (même s'il sait fort bien que ça va changer). L'enfant a besoin qu'on le respecte dans ses pensées, dans ce qu'il exprime sur le moment présent en même temps qu'il voit et entend un modèle, son parent.

Si, pour une raison quelconque, l'enfant n'a pu se rendre à ce stade de développement (latence) et reste coincé dans une phase antérieure (orale, anale, phallique, œdipienne), il risque de vivre des difficultés scolaires. Je dis bien «risque», car il y a aussi des enfants qui ont vécu de grandes difficultés dans leur développement, mais qui ont compensé dans les apprentissages intellectuels en devenant des premiers de classe. Toutefois, dans ce dernier groupe d'enfants, certains présentent des difficultés sur le plan social: se faire des amis, garder des amitiés, avoir des comportements acceptables en classe ou en société. Le recours à une aide professionnelle permet aux familles de dépasser et de résoudre ces difficultés.

La masturbation

En explorant son corps, l'enfant se rend compte que toucher certaines parties plus sensibles procure du plaisir, tout comme il prenait plaisir bébé à porter ses pieds et ses mains à sa bouche. Il peut même chercher à goûter ou sentir les parties de son corps, ce qui peut faire réagir fortement le parent présent. Il le fait parce que c'est agréable pour lui tout comme lorsqu'il se frotte contre un objet: toutou, oreiller, sofa, couverture, etc. Certaines données cliniques indiquent que l'apparition de la masturbation infantile se fait surtout autour de quatre à sept ans. Par contre, on sait que même âgé de quelques mois, un bébé garçon peut avoir une érection et un bébé fille, des lubrifications vaginales.

Voici quelques exemples de ce constat tirés de ma pratique de psychologue ainsi que de mes supervisions de groupes d'enfants en garderie : une petite fille de onze mois qui se tend sur son attache de siège d'auto, un petit garçon de deux ans qui frotte son pénis intensément, une petite fille de trois ans qui place sa couverture entre ses jambes, une autre qui se retire dans un coin et croise ses jambes pour avoir des sensations, un garçon de six ans qui met sa main dans sa culotte. Bref, tout est possible dans le domaine des sensations. Ce n'est donc pas rare de voir un enfant se donner du plaisir solitaire.

Le parent peut se demander pourquoi ce geste le dérange : est-ce parce qu'il est fait devant d'autres et que cela les embarrasse ? Certains parents peuvent être irrités par ces gestes à cause de leur propre vécu d'enfant où cela leur était interdit. D'autres peuvent se sentir exclus du plaisir. À vous de voir ce que cela réveille en vous...

L'important est d'apprendre à l'enfant que le plaisir est permis, qu'il est normal que ce soit agréable mais qu'il y a des endroits pour le faire. Le parent peut lui dire que la plupart des enfants de son âge le font, mais que c'est quelque chose d'intime qu'on ne fait pas devant les gens. On peut lui apprendre progressivement à faire son geste dans sa chambre à coucher ou lorsqu'il est seul dans une pièce et lui proposer une autre activité qu'il aime bien (jeu extérieur, lecture, dessin, etc.). S'opposer comme parent à cette pratique sous prétexte que cela puisse devenir une mauvaise habitude risque de provoquer l'inverse, soit de renforcer le geste. L'enfant pourrait alors utiliser le plaisir solitaire comme une provocation ou s'en sentir coupable et associer plaisir à interdit.

On peut également tenter de trouver un sens à ce geste, s'il y a bien un sens à trouver :

- À quel moment le fait-il? À quel endroit? À quel âge? Pourquoi?
- Est-ce le seul plaisir que l'enfant puisse se procurer à travers sa courte existence?
- Fait-il ce geste pour défouler une tension dans son corps ou à la suite d'une frustration?
- Est-ce que ce geste survient avant une selle et l'aide à éliminer ou lorsqu'il sent l'envie d'uriner?
- A-t-il sa place au sein de la famille ou est-ce sa façon de pouvoir se retirer et faire sa bulle sans être envahi?
- Est-ce sa façon de se rassurer d'être un garçon ou une fille?
- Le fait-il pour provoquer l'adulte?
- Est-ce qu'il le fait parce qu'il s'ennuie?
- A-t-il été surstimulé précocement sur le plan sexuel?
- Est-ce sa manière de contrer un stress ou une angoisse?
- Le fait-il pour l'aider à s'endormir ou parce qu'il ne veut pas dormir?
- Est-ce par manque de stimulation intellectuelle au moment où il en aurait besoin?
- Etc.

Nous pouvons trouver autant de questions et de réponses qu'il existe d'enfants. Par contre, si le geste devient compulsif, que l'enfant se masturbe à répétition, qu'il remplace tout autre plaisir par celui de la masturbation, il peut devenir alors l'expression d'un conflit intérieur qui perturbe l'enfant et pour lequel il aura fort probablement besoin d'une aide extérieure.

Les jeux sexuels

Élodie et Maude, âgées de cinq et six ans, s'amusent à faire des jeux de rôles. Un docteur apparaît dans leur histoire (Maude) et examine Élodie qui s'allonge et descend ses pantalons. Les parents d'Élodie voient la scène et, un peu paniqués, réagissent en envoyant réfléchir leur fille dans sa chambre.

C'est dans cette tranche d'âge que garçons et filles prennent conscience de leur identité sexuelle véritable avec les attributs spécifiques à chacun. C'est le moment des comparaisons ; par le fait même, jouer au papa et à la maman ou au docteur permet de vérifier et de voir d'un peu plus près les différences anatomiques. Cela fait partie du développement psychosexuel de l'enfant. Ces jeux démontrent le signe d'un questionnement sur la sexualité, et c'est le moment pour les adultes d'installer une communication ouverte et d'aider l'enfant à bien se structurer. Il est important de se rappeler qu'un enfant ne perçoit pas le corps et la sexualité de la même manière qu'un adulte. Cela peut sembler simpliste mais lorsque le parent est confronté à la situation, il est facile de l'oublier.

Le parent devrait tenter de ne faire ni peur ni honte à l'enfant et se rappeler que les jeux exploratoires sont dans l'ordre des choses. S'il punit l'enfant, ce dernier risque d'associer la sexualité à ce qui est mal ou interdit. Par ailleurs, le parent qui se montre horrifié ou met trop l'accent sur la situation risque d'amener l'enfant à s'y intéresser encore plus afin de chercher à comprendre les causes de ces réactions excessives du parent.

Dans ces situations, le parent peut dire ce qui est acceptable tout en transmettant ses valeurs. Le plus calmement possible, il explique aux enfants qu'ils peuvent jouer au docteur ou au papa et à la maman tout en gardant leurs vêtements. On peut ajouter que leur comportement exprime une belle curiosité et qu'on peut l'aider à répondre à ses questions.

C'est le moment de proposer à l'enfant d'aller regarder un livre avec des images montrant comment le garçon et la fille sont faits. Il sera donc possible pour l'enfant de demander ce qu'il veut à son parent sans avoir à faire des gestes et sans que ce dernier donne trop d'explications. Ainsi, une discussion ouverte enlève à l'expérience sa dimension coupable et satisfait la curiosité de l'enfant.

C'est un bon moment pour ramener l'enfant à son intimité («Ce sont tes parties intimes qui appartiennent à toi»), pour parler du respect de l'autre et de soi, et d'éviter les abus de pouvoir ou d'emprise sur des plus jeunes ou par des plus vieux («Personne ne doit forcer quelqu'un à faire des choses qu'il ne veut pas faire comme montrer ses parties»). Le parent aurait également intérêt à mentionner au parent de l'autre enfant ce qui s'est passé pour qu'il puisse intervenir à sa façon auprès du sien. Pour éviter que de tels jeux deviennent une activité envahissante, T. Berry Brazelton suggère d'organiser des activités qui remplacent une partie du temps passé dans la chambre ou hors de la vue des parents[16]. Quand l'exploration devient répétitive et préoccupe le parent, et si le comportement devient franchement sexuel (pénétration, contact buccogénital), je suis d'avis qu'on doit en parler à un professionnel de la santé (médecin, Info-santé, CLSC).

La pudeur

Dans les premières années de vie, l'enfant n'a pas la notion de pudeur et prend même un certain plaisir à s'exhiber: courir les fesses nues, être sur le pot en public... Par contre, certains n'aiment pas être vus nus ou ont besoin d'un coin intime pour faire leurs besoins (ils se cachent pour faire leurs selles dans la couche). Il est alors nécessaire pour les parents de respecter et de préserver l'intimité de l'enfant, de lui reconnaître ce droit.

Le rôle du parent consiste également à montrer à l'enfant à vivre en société avec les lois qui la régissent. En ce sens, il va transmettre ses valeurs sur l'intimité et la pudeur à son enfant, valeurs qui varient d'une famille à une autre, en s'appuyant sur ce qu'il fait lui-même : on se change dans sa chambre, on se baigne avec un maillot de bain, on n'embrasse pas les inconnus, on a le droit de refuser de faire un câlin même si c'est grand-papa, chaque sexe a son vestiaire, on ferme la porte de la salle de bain, on ne prend plus son bain en famille, etc. Ainsi, l'enfant va construire peu à peu son territoire intime, sa bulle ; il saura ainsi qui laisser approcher de lui et à quelle distance, ce qui peut aider à prévenir certains abus.

En instaurant graduellement ces règles de fonctionnement, l'enfant délaissera une partie de son côté exhibitionniste et voyeur pour faire place à des comportements plus socialisés. C'est autour de l'âge de sept à neuf ans que s'installe la pudeur : l'enfant ferme la porte de la salle de bain, se cache pour changer de vêtements, refuse un câlin, etc. Il est alors souhaitable de respecter l'enfant dans cette évolution (par exemple, en frappant à sa porte avant d'entrer), ne pas en rire ni en faire la remarque en public, ce qui risquerait de nuire au développement de son intimité et à l'estime de soi. C'est ainsi qu'il se retrouve comme individu, où il peut réfléchir, se connaître, prendre conscience de ce qu'il ressent... Combien d'adultes arrivent en thérapie ne sachant que répondre à la question « Qui suis-je ? ». Parce que, enfants, ils vivaient pour faire plaisir à leurs parents, ou ils s'étourdissaient dans l'action sans jamais s'arrêter, ou encore ils étaient collés à un frère ou à une sœur qu'ils devaient suivre ou prendre soin. Alors, aidons l'enfant à se connaître lui-même pour qu'il se développe sainement et ait des relations où il pourra s'exprimer, réfléchir sur soi et connaître ses limites personnelles.

***

Les étapes à travers lesquelles passe l'enfant replongent le parent, plus ou moins consciemment, dans son passé. Celui-ci se surprend alors à réagir différemment de ce qu'il avait pensé, ou il se sent dérouté par la situation. Ce sentiment risque d'ailleurs de surgir chez les parents de par l'abondance des informations de plus en plus accessibles aux enfants. Prendre une longueur d'avance sur eux en s'informant peut aider le parent dans son rôle éducatif. La télévision et l'ordinateur n'éduquent pas, ne répondent pas aux questions des enfants ni à leur angoisse et, surtout, ne posent pas de limites. Par contre, ils offrent à l'enfant une ouverture sur le monde et peuvent être de bons outils d'éducation. Lorsque le parent accompagne l'enfant, il lui appartient :

- de discuter avec l'enfant du choix des émissions, du temps à passer devant l'écran ainsi que du moment (par exemple, après le repas ou les devoirs, etc.) ;
- de s'intéresser à ce que l'enfant a regardé et en parler avec lui ;
- d'utiliser un fait dans l'actualité, un film, une émission, une publicité, un site Internet, comme ouverture à une discussion ;
- d'apprendre à l'enfant à décoder l'image : comment un film est tourné, quels sont les trucages, etc.

De cette façon, le parent tient compte du vécu de l'enfant et il peut rectifier les faits ou les lui expliquer pour éviter de le laisser avec des idées et des images déformées, et en profiter pour transmettre ses valeurs. Le parent peut faire de même avec les livres ou les revues, ou encore les discussions que l'enfant rapporte. Laisser parler les enfants, les écouter et installer un climat de confiance sont également des outils précieux pour le parent.

Des livres à lire avec les enfants

- *Ma sexualité, de 0 à 6 ans* et *Ma sexualité, de 6 à 9 ans*, de Jocelyne Robert et Jo-Anne Jacob, Éditions de l'Homme.

Deux fascicules intéressants; il en existe pour les plus vieux aussi.

- *Te laisse pas faire! La prévention des abus sexuels expliquée aux enfants*, de Jocelyne Robert, Éditions de l'Homme.
- *L'éducation à la sexualité dans le contexte de la réforme de l'éducation*, ministère de l'Éducation du Québec, sur le site: http://www.meq.gouv.qc.ca.
- *Comment on fait les bébés* (dès cinq ans), de Babette Cole, Éditions du Seuil Jeunesse.
- *Zizis et zézettes* (dès six ans), de Vittoria Facchini, Éditions Circonflexe.
- *Petite encyclopédie de la vie sexuelle, de 4 à 6 ans, de 7 à 9 ans et de 10 à 13 ans*, collectif Éditions Hachette Jeunesse.

10

Le stress

Mise en situation

«Le réveille-matin sonne déjà! Vite, je dois aller réveiller les enfants à l'heure. Je vais encore répéter aux enfants de s'habiller, de manger, de brosser leurs dents, de se dépêcher pour ne pas que j'arrive en retard au travail. Je vais *encore* finir par les habiller plutôt que de les laisser faire et, si on est chanceux, on va éviter une crise parce que l'un d'eux ne veut pas manger ou brosser ses dents. Après l'attente dans la circulation, je vais arriver juste à temps au travail pour ma rencontre d'équipe sur les objectifs de travail qu'on s'était fixés et que je n'ai pas encore atteints. Je dois également retourner beaucoup d'appels, sans compter ma pile de dossiers qui attend... Je vais prendre juste 10 minutes pour manger, comme ça je pourrai finir à l'heure pour aller chercher les enfants, puis ce sera le tourbillon avec les enfants: le souper, les devoirs, le coucher, sans oublier les «Maman!», «Papa!» pour qui aura le plus d'attention! Ouf! Le dodo...»

Le stress : positif ou négatif ?

Cela vous rappelle quelque chose ? Selon vous, le stress est-il positif ou négatif ? En réalité, il est à la fois les deux. En petite quantité, il est positif car c'est lui qui pousse à agir ou à réagir à quelque chose. Dans la mise en situation, on pourrait dire que l'effet positif du stress amène le parent et les enfants à se lever le matin pour faire leur journée. Prenons un autre exemple : une antilope voit courir vers elle un lion affamé. À l'instant où elle s'en rend compte, son système nerveux sécrète une hormone appelée adrénaline qui va préparer son corps à fuir pour se protéger et éviter d'être dévorée. Son cœur pompera le sang plus rapidement pour fournir tous les muscles, ses yeux seront en alerte pour voir les obstacles et les bons endroits où se réfugier, etc. Le stress est donc nécessaire à la vie ; il mobilise notre énergie et nous pousse en avant.

Par contre, il peut devenir négatif s'il dure trop longtemps ou s'il est trop intense. Reprenons l'exemple de l'antilope : si un deuxième et un troisième lions se joignent à la course, il y a de fortes chances qu'elle s'essouffle, que son corps s'épuise graduellement, se vide de son énergie, qu'elle soit moins alerte qu'au début de la course et qu'elle finisse soit par perdre sa vitesse, soit par perdre pied et... vous voyez le dénouement. Ainsi, le stress devient nuisible lorsqu'il dépasse la capacité du corps en durée ou en intensité et lorsqu'il empêche toute personne d'agir (voir le tableau 1, à la page 122). Pour les familles qui vivent à répétition ce genre de situation, sans temps d'arrêt ni ressourcement, les risques sont élevés de développer un problème de santé.

Une définition

Dans la mise en situation précédente, qui vivra le plus de stress, le parent ou l'enfant ? En fait, chacun possède sa limite personnelle. La génétique influence également cette capacité : si mes parents étaient capables d'en prendre beaucoup, avaient de bons outils pour le gérer et qu'ils étaient de bons modèles pour moi, il y a de fortes chances que j'en aie hérité. Par contre, l'inverse est aussi vrai. Utilisons une image : si j'essaie de remplir un verre d'eau avec plus de liquide qu'il ne peut en contenir, sans jamais le vider, il finira par déborder.

C'est ce qui se passe dans les familles où le stress est plus élevé que la capacité à le contenir. Dans notre société actuelle où tout va vite, de plus en plus d'enfants (et d'adultes !) arrivent en thérapie parce qu'ils ont développé des troubles d'anxiété : peurs excessives, problèmes de sommeil, insécurité, agitation, irritabilité, tensions musculaires, nausées et autres malaises physiques. Dans ma pratique de psychologue, j'ai souvent en consultation des adultes qui tombent en épuisement ou en dépression après avoir pris soin et accompagné un parent dans la mort. Pour ce qui est des symptômes physiques, il est bien établi aujourd'hui que le stress peut affaiblir les défenses immunitaires du corps et le rendre plus vulnérable aux maladies organiques et aux infections. Je vois régulièrement des gens qui, dans des phases de fatigue à la suite d'un important contrat ou d'une période d'examens, attrapent des virus banals comme une grippe, une sinusite, une otite, une bronchite, etc.

Lazarus et Folrman définissent le stress comme l'expérience subjective des événements, une transaction entre l'individu et son environnement au cours de laquelle l'individu estime que les pressions exercées par l'environnement sont plus grandes que ses ressources personnelles et menacent son bien-être. Savoie et Forget ajoutent à la définition du stress l'importance que l'individu accorde au fait de satisfaire ou non les exigences de son milieu. Sans vouloir ajouter un stress supplémentaire aux parents, il leur revient de trouver des moyens pour vivre avec le stress sans qu'il ait de répercussions sur la santé physique et psychologique de leur enfant.

Comment reconnaître le stress chez l'enfant

Parce que le quotidien prend le dessus et que le parent est aussi aux prises avec son propre stress, il peut être difficile de reconnaître chez son enfant des problèmes reliés au stress. Voici quelques pistes :

Sur le plan physique

- Constipation ou diarrhée ;
- Mal de tête, de cœur ou de ventre ;
- Tics nerveux ;
- Maladie de peau (rougeurs, irritation, eczéma...), transpiration excessive ;
- Difficulté à dormir, réveil difficile, trop de sommeil, cauchemars ;
- Douleurs, accidents fréquents.

Sur le plan comportemental

- Bégaiement ;
- Fébrilité, agitation ;
- Troubles alimentaires ;
- Pleurs, irritabilité ;
- Agressivité, crises ;
- Problèmes relationnels, isolement, retrait ;
- Demandes constantes, intolérance à la frustration (réagit au non) ;
- Désintérêt.

Sur le plan psychologique

- Difficulté de concentration (est dans la lune fréquemment) ;
- Ennui ;

- Anxiété, peurs excessives;
- Oublis.

Ces symptômes ne sont pas que liés au stress, mais ils sont accentués par celui-ci. Lorsque le parent constate un changement d'attitude chez son enfant, il doit prendre du recul et faire une rétrospective de ce qui s'est passé depuis les six derniers mois. Souvent, des changements anodins pour les parents sont en fait des événements stressants pour l'enfant et peuvent expliquer ses réactions. Voyons maintenant quelles peuvent être ces causes.

Les sources de stress chez l'enfant

Avant de détailler les sources de stress, prenons un exemple qui se répète chaque année et où il est facile d'oublier que le stress est très présent. Pour la majorité des gens, l'été est synonyme de vacances et représente un sentiment de liberté. Toutefois, pour la majorité des enfants, c'est aussi une transition. Et qui dit changements dit période de stress: camp de vacances, nouveau service de garde, perte d'amis, changement d'éducatrices, deuil des liens créés, pression pour la performance, échec scolaire, cours d'été, fatigue des parents et besoin de vacances... Ouf! Voilà une énumération qui en dit long.

Plusieurs auteurs ont travaillé à trouver les événements stressants, tant chez les enfants que chez les adultes. Vous pourrez consulter ces différents tableaux (2, 3 et 4), aux pages 123 à 127. Voyons maintenant d'où peuvent provenir les sources de stress dans la vie de l'enfant.

Sources liées à l'environnement

- Routine: changement d'horaire, de lieu d'accueil, d'heure du coucher, d'heure au printemps et à l'automne, entrée en garderie ou à l'école, nouvelle éducatrice ou nouvel enseignant, trop de (et souvent) modifications dans la routine.

- Émissions de télé non adaptées à l'âge de l'enfant (trop de violence, événements dramatiques réels ou non).
- Niveau de bruit dans lequel se trouve l'enfant : garderie, école, dehors et autour de la maison ainsi qu'à l'intérieur (la télévision).
- Espace : une pièce trop grande peut créer de l'insécurité alors qu'une pièce trop petite peut amener l'enfant à être envahi ; changement de chambre pour l'enfant (même s'il est consentant), déménagement, changement de local (garderie ou école).
- Garderie ou école : pression sociale de performance ou de conformité (être tous pareils, abondance ou absence de choix), conflits entre parents et éducateurs, niveau d'agressivité ou de désorganisation du groupe, harcèlement par un pair, etc.

Sources liées à la famille

- Conflits entre les parents : séparation, divorce, aliénation parentale.
- Absences prolongées et fréquentes d'un des parents ou des deux (travail, voyage, vacances, activités, etc.).
- Pression familiale pour la performance de l'enfant, pour la compétition.
- Horaire familial surchargé.
- Pression pour accélérer le développement de l'enfant sans tenir compte de son rythme.
- Problèmes émotifs d'un parent (alcoolisme, violence, comportements délinquants, jeu compulsif, problèmes d'argent, etc.).
- Changement de gardienne.
- Maladie physique et mentale, hospitalisation, décès.

- Haut niveau de stress des parents ou des adultes qui s'occupent de l'enfant.

Sources liées à l'enfant lui-même

- Tempérament inquiet (peurs de toutes sortes, par exemple la peur d'être ridiculisé) ou sensible (au vécu des autres, se laisse atteindre par les paroles ou par les commentaires des autres, etc.).
- Problèmes de santé chroniques, handicaps, hospitalisation.
- Différences visibles (couleur de la peau, taille, poids, particularité au visage, etc.).

Même petites, les sources de stress qui s'accumulent peuvent marquer l'enfant et amener un changement dans son attitude.

Les caractéristiques personnelles antistress

Des études ont été faites sur les caractéristiques des adultes et des enfants qui composent mieux avec le stress que les autres.

Chez les enfants

- Autonomie et indépendance.
- Sociabilité et sentiment de désirabilité sociale.
- Confiance en soi.
- Créativité.

Chez les adultes

- Capacité physique : endurance, santé.
- Capacité psychologique : absence de vulnérabilité génétique, résilience (capacité de résister et de rebondir aux événements), confiance en soi.

- Réseau social : amis, soutien et qualité des relations, ressourcement.
- Perception et réactions aux événements stressants, confiance en l'avenir.
- Vie personnelle : sentiment de bonheur et de satisfaction, humour et plaisir.

Certains traits de personnalité viennent amplifier le stress, par exemple les personnes anxieuses ; celles qui ont le désir de plaire aux autres et qui ont de la difficulté à dire non ; celles qui se critiquent sévèrement et se déprécient ; celles qui ont de la difficulté à faire confiance et à déléguer ; les perfectionnistes, les compétitifs et les performants (en psychologie, traits caractéristiques des personnalités de type A).

Les réactions au stress vont également dépendre des circonstances dans lesquelles s'inscrivent les événements. Par exemple, une personne dans la fleur de l'âge pourrait réagir fortement au décès d'un cousin au moment où elle s'inquiète de sa propre santé, qu'elle a perdu son réseau social à la suite d'un déménagement et qu'elle vit beaucoup de pression dans son nouveau travail alors qu'elle a su bien composer avec la mort de son frère quelques années auparavant. Par contre, le deuil de son frère pourrait expliquer l'intensité de sa réaction au décès du cousin, comme si ce deuil réactivait le premier et faisait ressurgir ses propres angoisses. Certaines études ont également quantifié les événements en termes de stress et peuvent donner un indice du taux de stress et des risques de réactions face à celui-ci (voir à ce sujet les tableaux 2 et 3, aux pages 123 et 125).

Comment aider les enfants à vivre le stress au quotidien

Il existe plusieurs moyens de contrer les effets négatifs du stress, mais il faut d'abord et avant tout savoir le reconnaître et l'accepter. Cela veut dire voir les signes et les symptômes de stress non seulement chez l'enfant, mais aussi chez l'adulte, et accepter que l'enfant, par son comportement ou par ses paroles, dise à ses parents: «Nous vivons du stress, alors apprenons ensemble à le gérer.» Voici une liste non exhaustive d'attitudes à favoriser.

- *Limiter les sources de stress ou de changement en même temps* afin de sécuriser l'enfant (par exemple: déménager et garder le même service de garde ou les amis du camp de vacances, ne pas chercher à retirer la sucette à l'enfant en même temps qu'il change de chambre avec l'arrivée d'un nouveau bébé).
- *Nommer les inquiétudes, la nouveauté, le changement* avec l'enfant pour le préparer d'avance et visualiser avec lui les événements à venir, étape par étape.
- *Offrir des choix* à l'enfant, dans les limites établies par les parents, pour lui donner un certain contrôle sur son quotidien.
- *Respecter le rythme de l'enfant et donner du temps libre.* L'enfant a besoin de jouer, de rêver, d'imaginer et même de perdre son temps (ce que l'adulte oublie souvent!). Danielle Laporte, psychologue, compare le rythme de l'enfant à une fleur: «Il ne sert à rien de tirer sur une fleur pour qu'elle pousse; il vaut mieux la regarder s'épanouir en l'arrosant si nécessaire[18].»
- *Accorder votre présence à l'enfant.* L'enfant qui se sent entouré, aimé et en sécurité pourra développer une bonne estime de soi. Par exemple, le soir, dans un moment calme, on peut faire faire à l'enfant un bilan de sa journée pour lui permettre de nommer les événements stressants et voir ceux qui ont été positifs. Un conseil aux parents: prenez le temps de regarder jouer votre enfant, de prendre plaisir à l'observer en lui offrant votre présence.

- *Protéger vos enfants des émotions trop intenses et à trop de stimulations.* Qu'il s'agisse de bruit excessif, de conflits entre les parents ou d'autres adultes, d'une trop longue période de jeux vidéo ou de télé, d'un contact constant avec d'autres enfants sans le laisser un moment seul, pas de vacances, etc.
- *Permettre à l'enfant d'inventer des jeux, d'être créatif* (jeux de rôles, dessin, peinture, etc.) à travers lesquels il s'exprime. Comme adulte, prendre plaisir à participer au jeu, à devenir même un personnage dirigé par l'enfant.
- *Introduire le jeu dans les moments de routine;* par exemple, chanter ou mettre de la musique en faisant le lit ou toute autre tâche ménagère avec l'enfant, lui salir le nez avec de la nourriture lors de la préparation d'un gâteau, se déguiser ou se transformer en personnage fantastique afin de le préparer au dodo.
- *Se donner des moments de plaisir.* Le rire est fondamental pour la santé. Certaines études affirment que le plaisir sécrète une hormone qui combat les effets du stress. Il ne faut donc pas hésiter à faire des folies pour détendre l'atmosphère, à courir dehors avec les enfants, à proposer des combats physiques lorsque votre enfant cherche la confrontation.

Pour se prémunir contre les effets néfastes du stress

- Trouver les zones de stress et de tension, s'arrêter pour analyser la situation réelle et chercher les moyens pour diminuer le stress ou l'évacuer.
- Faire de l'exercice physique.
- Faire des exercices de relaxation, d'imagerie mentale, tant pour soi que pour l'enfant; par exemple, si on voit que

l'enfant a de la difficulté à se calmer, lui proposer de s'allonger, de fermer les yeux, de placer sa main sur son ventre en respirant normalement et de penser à un souvenir agréable.

- Découvrir ses besoins (détente, activité, amis...), établir des limites (savoir dire non quand c'est nécessaire) et apprendre à décoder les signaux que notre corps nous envoie (émotion, irritabilité, tension musculaire, douleur...). Les enfants le ressentent lorsque le parent est calme et reposé.
- Établir des priorités : une journée est composée de 24 heures et une semaine de 7 jours. Alors, il ne faut pas essayer de tout faire ; il faut plutôt prendre le temps de s'occuper de ce qui est prioritaire et l'écrire pour se libérer l'esprit.
- Rire et s'amuser. L'humour est un excellent moyen de combattre le stress, de dédramatiser des situations tendues, de se détendre après un grosse journée que ce soit par le jeu, un film ou entre amis.
- Mobiliser son énergie positivement en combattant ce qu'il est possible de combattre : chercher à changer ses attitudes plutôt que persister à vouloir changer les autres.
- Oser demander de l'aide (ami, parent, voisin, professionnel...) sur tous les plans.
- Voir le tableau 5, à la page 128.

***

Le stress est un moteur de vie ; il ne faut surtout pas le faire disparaître. Il faut plutôt chercher les moyens appropriés pour le gérer. L'important, c'est de trouver ses propres solutions, selon le contexte, en tenant compte de soi et de l'enfant et en suscitant sa participation. Gardez à l'esprit que s'amuser et jouer est fondamental pour l'équilibre de l'être humain, que les superhéros n'existent que dans la fiction et que vous faites au mieux de ce que vous pouvez faire au moment où ça arrive. Prenez le temps de respirer et de vivre !

Dans un article du cahier «Famille vivre ici» du journal *le Soleil*, Sylvie Leblanc, mère de quatre enfants, mentionnait: «Au lieu de subir l'événement, on peut choisir de le vivre agréablement.» Elle proposait d'ailleurs plusieurs exemples pour changer sa perception de l'événement; en voici quelques-uns.

J'apprécie:

- les cris de mes enfants dans la cour, puisque ça veut dire qu'ils sont vivants.
- les repas à préparer jour après jour, puisque ça veut dire que j'ai à manger.
- la pile de vêtements à laver, puisque ça veut dire que j'ai quelque chose à porter.
- la pelouse à tondre, les fenêtres à nettoyer et les planchers à laver, puisque ça veut dire que j'ai un toit.
- la dernière place que j'ai trouvée dans le stationnement, puisque ça me permet de marcher.
- le ménage à faire après une fête, puisque ça veut dire que j'étais entouré d'amis.
- la sonnerie de mon réveille-matin, puisque ça veut dire que je suis en vie!

Pour en savoir plus sur le sujet

Consultez le site Internet de l'Association canadienne pour la santé mentale qui offre toute une série d'articles sur le stress, ainsi que des exercices et des outils pour composer avec celui-ci: http://www.acsm-ca.qc.ca.

Tableau 1
Les effets physiologiques du stress

Changements	À court terme	À long terme
Adrénaline et noradrénaline	↑ Rythme cardiaque ↑ Énergie	Problèmes cardiovasculaires et rénaux
Hormone thyroïdienne	Augmentation du métabolisme (↑ activité physique)	Agitation, nervosité, insomnie, évanouissements
Sécrétion de cholestérol dans le sang	↑ Degré d'énergie favorisant le fonctionnement musculaire	Blocage et durcissement des artères, maladies cardiaques
Endorphine	↓ Sensibilité à la douleur	La réduction des réserves d'endorphine augmente la sensibilité à la douleur (céphalées, douleurs au dos, arthrite, etc.)
Arrêt temporaire du système digestif	Détournement du sang de l'estomac vers le cœur, les poumons et les muscles	Malaises de l'estomac et mauvaise digestion (nausées, crampes, diarrhée, ballonnements, etc.)
Pâleur et moiteur de la peau	Réduction de la perte de sang en cas de blessure	Excès de transpiration, chaleur corporelle
Aiguisement des sens (vue, ouïe)	Meilleur rendement	Épuisement et perte d'efficacité
↓ Des hormones sexuelles	Déplace l'énergie vers les tâches essentielles	Impuissance, frigidité, problèmes conjugaux
↑ Taux de sucre dans le sang	Source d'énergie pour l'action	Risque de diabète
↑ Rythme cardiaque	Énergie et oxygène aux muscles et aux poumons	Hypertension, risque de crise cardiaque, anévrisme
Épaississement du sang	Coagulation en cas de blessure	Surcharge du cœur, formation de caillots, maladies et crises cardiaques

Source: P. G. Hanson, *Les plaisirs du stress*, 1987, Éditions de l'Homme.

Tableau 2
L'échelle de stress chez l'adulte

Événement	Points
Décès du conjoint	100
Divorce	73
Séparation	65
Emprisonnement	63
Décès d'un membre immédiat de la famille	63
Maladie ou accident	53
Mariage	50
Perte d'un emploi	47
Réconciliation conjugale	45
Retraite	45
Changement de l'état de santé d'un membre de la famille	44
Grossesse	40
Problèmes sexuels	39
Arrivée d'un nouveau membre dans la famille	39
Changement de situation financière	38
Décès d'un ami intime	37
Changement d'emploi	36
Changement dans la fréquence des querelles avec le conjoint	35
Mainlevée d'une hypothèque	30
Changement de responsabilités au travail	29
Départ d'un enfant	29
Problèmes avec la belle-famille	29

Événement	**Points**
Grand succès personnel	28
Début ou arrêt du travail du conjoint	26
Début ou arrêt des études	26
Changement dans les habitudes de vie	24
Difficulté avec le patron	23
Changement d'heures de travail	20
Changement de résidence	20
Changement d'école	20
Changement dans les loisirs	19
Changement dans l'activité sociale	18
Changement dans les habitudes de sommeil	16
Changement important du nombre de rencontres familiales	15
Changement dans les habitudes alimentaires	13
Délits mineurs	11

- Si le total est de 300 points : 80 % de risques de maladie dans l'année qui suit.
- S'il se situe entre 150 et 299 points : 50 % de risques de maladie dans l'année qui suit.
- S'il est de 150 points et moins : 30 % de risques de maladie dans l'année qui suit.

Source : Adapté de T. H. Holmes et de R. H. Rahe, « The Social Readjustment Rating Scale », *Journal of Psychosomatic Research*, 1977.

Tableau 3
L'échelle de stress chez l'enfant

Événement	Points
Mort des parents	100
Divorce des parents	73
Séparation des parents	65
Parent voyageant pour son travail	63
Décès d'un membre immédiat de la famille	63
Maladie ou blessure d'un enfant	53
Parent qui se remarie	50
Réconciliation des parents	45
Mère allant travailler à l'extérieur	45
Changement de l'état de santé d'un membre de la famille	44
Mère tombant enceinte	40
Difficultés scolaires	39
Naissance d'un frère ou d'une sœur	39
Réajustement scolaire	39
Changement de la situation financière de la famille	38
Maladie ou blessure d'un ami proche	37
Enfant commençant une nouvelle activité ou changeant d'activité parascolaire	36
Changement dans le nombre des chicanes entre frères et sœurs	35
Menace de violence à l'école	31
Vol de biens personnels	30
Changement de responsabilités à la maison	29

Événement	**Points**
Frère ou sœur plus âgé quittant la maison	29
Difficultés avec les grands-parents	29
Réussite personnelle exceptionnelle	28
Déménagement dans une autre ville	26
Déménagement dans une autre partie de la ville	26
Enfant recevant ou perdant un animal favori	25
Changement des habitudes personnelles	24
Difficultés avec l'enseignant	24
Changement d'horaire avec la gardienne ou au centre de jour	20
Déménagement dans une nouvelle maison	20
Changement des habitudes de jeu	19
Vacances avec la famille	19
Changement d'amis	18
Fréquentation d'un camp de vacances	17
Changement des habitudes de sommeil	16
Changement du nombre de réunions familiales	15
Changement des habitudes alimentaires	15
Changement du nombre d'heures de télévision que l'enfant regarde	13
Réception d'anniversaire	12
Punition pour ne pas avoir dit la vérité	11

- Si le total est de plus de 300 points : risque de développer une maladie ou un trouble de comportement.

Source : Danielle Laporte, *Être parent, une affaire de cœur,* tome 1, Hôpital Sainte-Justine, 1999.

Tableau 4
Les 20 événements les plus stressants pour les enfants

1. Perdre un parent
2. Devenir aveugle
3. Vivre des difficultés scolaires
4. Faire pipi en classe
5. Être témoin de disputes entre les parents
6. Être accusé de vol
7. Être soupçonné de mensonge
8. Avoir de mauvaises notes
9. Être envoyé chez le directeur
10. Subir une intervention chirurgicale
11. Se perdre
12. Être ridiculisé en classe
13. Changer d'école
14. Faire des cauchemars
15. Ne pas obtenir 100 lors d'un test
16. Être choisi le dernier dans une équipe de jeu
17. Donner un exposé oral
18. Perdre un match
19. Aller chez le dentiste
20. Avoir un nouveau frère ou une nouvelle sœur

Source: Yamamoto et Byrnes (1987), « Primary Children's Ratings of the Stressfulness of Experience », *Journal of Research in Childhood Education*, tiré du livre de Danielle Laporte, *Être parent, une affaire de cœur.*

Tableau 5
69 trucs pour réduire le stress

1. Chantez une chanson que vous aimez.
2. Faites attention de ne pas tomber dans le piège de : « Je le veux maintenant ! » Les ordinateurs et les micro-ondes produisent instantanément, mais les gens fonctionnent plus lentement.
3. Achetez des vêtements confortables, d'entretien facile et qui s'agencent avec d'autres que vous avez déjà. Évitez les étiquettes « Nettoyage à sec seulement ».
4. Plus un article coûte cher, plus vous éprouverez du stress pour l'avoir perdu ou brisé.
5. Donnez-vous du temps pour vous habituer à un changement majeur avant d'en vivre un autre.
6. N'oubliez jamais que vous n'êtes pas responsable de l'humeur ou des sentiments d'autrui.
7. N'apposez pas d'étiquettes négatives sur vous-même. Plutôt que de penser : « Je suis stupide et irresponsable », dites-vous : « J'ai oublié un rendez-vous. »
8. Regardez par la fenêtre et « partez en safari » ; observez les chats, les écureuils, les chiens et les oiseaux.
9. Prenez le temps de revivre un moment heureux de votre vie.
10. Embrassez vos enfants et vos proches.
11. Écoutez votre musique préférée.
12. Prenez une pause de 15 minutes et relaxez.
13. Faites une longue promenade en auto sur une route que vous n'avez jamais empruntée.
14. Joignez-vous à un ami optimiste qui a un bon sens de l'humour et riez ensemble.
15. Avoir moins, c'est avoir plus... Il n'est pas nécessaire de posséder tout ce que vous admirez ; vous enrichissez votre vie simplement par le fait de vivre.
16. Éliminez ou réduisez les quantités de caféine dans votre régime alimentaire.
17. Concevez les échecs comme des expériences valables plutôt que des obstacles.
18. Faites un geste gentil pour quelqu'un.
19. Parlez moins.
20. Écoutez davantage.
21. Faites vos courses en dehors des heures et des jours de pointe pour éviter les foules et la circulation dense.

22. Achetez chaque mois un ou des billets pour un événement spécial (sport, théâtre, etc.) afin d'avoir quelque chose à anticiper.
23. Adhérez à une organisation de bienfaisance.
24. Inscrivez-vous à un cours.
25. Limitez vos soirées à l'extérieur à deux ou moins par semaine.
26. Notez vos problèmes sur papier et discutez-en avec quelqu'un qui saura vous écouter; ne les gardez pas à l'intérieur de vous.
27. Répartissez vos rencontres, rendez-vous, projets difficiles et gros changements sur une semaine, un mois ou une année, de sorte que vous n'aurez pas à tout accomplir en même temps.
28. Dites non. Savoir dire non à des projets supplémentaires, des activités sociales et des invitations pour lesquelles vous savez n'avoir ni temps ni énergie demande de la pratique, du respect de soi et de la conviction que tout le monde a besoin, chaque jour, d'une période de repos et de solitude.
29. Imaginez un fantasme merveilleux à votre sujet que vous vivrez pendant cinq minutes.
30. Choisissez des loisirs et des activités sociales qui diffèrent de votre travail. Si vous accomplissez un travail manuel, choisissez un loisir qui fait appel à vos facultés mentales. Si vous travaillez avec plusieurs personnes ou auprès du public, choisissez un loisir que vous pouvez accomplir seul, et vice versa.
31. Frappez des balles de tennis ou de golf, lancez des ballons.
32. Évitez la compagnie de ceux qui vous dénigrent.
33. Soyez disposé à apprendre de nouvelles choses et à en désapprendre d'autres.
34. Combien vaut un tracas en termes d'argent? Est-ce que contester une contravention de stationnement de 30 $ en cour vaut une tension artérielle élevée, le temps et l'irritation que cela entraîne?
35. Observez les poissons dans un aquarium.
36. Faites une marche vigoureuse dans votre voisinage.
37. Pleurez. Les scientifiques ont découvert qu'il existe des éléments chimiques dans les pleurs émotifs; pleurer est donc une bonne façon de s'en débarrasser.
38. Demandez-vous quelle est la pire chose qui pourrait se produire et ce que vous feriez si cela devait se produire dans la réalité. Cela vous rappellera que la vie va continuer même si le pire devait se produire et que vous allez pouvoir sans doute vous en tirer très bien.

39. Au cours de la journée, prenez le temps de vous faire plaisir et de penser à vous. Par exemple, vous pourriez demander l'aide de quelqu'un pour accomplir une tâche difficile, détendre vos épaules, marcher, changer de projet, entreprendre quelque chose que vous remettez sans cesse au lendemain, aller prendre votre pause santé.
40. Vivez une journée à la fois et le moment présent.
41. Pour éviter de ruminer sans cesse vos problèmes, faites-y face. Ne remettez pas au lendemain ce que vous pouvez régler tout de suite. Si vous ne pouvez rien changer à la situation, passez par-dessus et oubliez-la. Si vous pouvez faire quelque chose, faites-le et laissez tomber l'anxiété. Si cela ne fonctionne pas, demandez-vous: « Dans 10 ans, quelle différence cela fera-t-il donc? »
42. Écoutez votre musique favorite en conduisant.
43. Prévoyez de la lecture pour réduire le stress dans les moments d'attente (transports en commun, rendez-vous, files d'attente).
44. Demandez-vous si ce que vous êtes sur le point de dire est vrai et nécessaire.
45. Le vendredi après-midi (ou la dernière journée de votre semaine de travail), prenez le temps de mettre à l'ordre votre poste de travail. Le lundi matin suivant, vous serez organisé.
46. Quelque chose vous tombe sur les nerfs (par exemple, il n'y a jamais de stylo près du téléphone pour prendre les messages)? Plutôt que de subir cette situation chaque fois, cherchez une solution durable (par exemple, un stylo attaché au téléphone).
47. Levez-vous pour vous étirer de temps à autre si votre travail demande de rester assis pendant de longues périodes.
48. Vous serez en retard parce que vous êtes coincé dans la circulation. Arrêtez-vous à une cabine téléphonique pour aviser la personne qui vous attend de votre retard; cela vous détendra et vous permettra de conduire prudemment.
49. Si vous le pouvez, réservez-vous des jours de vacances pour prendre quelques fins de semaine de trois jours au cours de l'année.
50. Accordez-vous 15 minutes de plus pour vous rendre à vos rendez-vous.
51. Peu importe que vous soyez très occupé, prenez une pause repas. Éloignez-vous physiquement et mentalement de votre poste de travail même si ce n'est que pour 15 ou 20 minutes.
52. Prenez votre travail au sérieux, sans pour autant vous prendre au sérieux. Gardez à votre portée des lectures inspirantes ou humoristiques pour les moments où vous aurez besoin d'un « remontant » rapide.
53. Laissez votre travail au bureau. Si vous avez du travail supplémentaire à faire, commencez plus tôt ou finissez plus tard.

54. Prévoyez des solutions de dépannage en cas de besoin : des doubles de vos clés de maison et d'automobile, des copies de vos documents importants, de la monnaie pour le stationnement et le téléphone, etc.
55. Faites vos tâches ménagères avec les enfants ; faites-en un jeu et amusez-vous.
56. Si une tâche ménagère vous répugne, voyez si quelqu'un d'autre ne pourrait pas l'accomplir à votre place occasionnellement ou sur une base régulière.
57. Faites de la musique.
58. Caressez votre animal domestique.
59. Feuilletez un vieil album de photos que vous affectionnez.
60. Débranchez le téléphone et regardez un bon film.
61. Mettez un oreiller devant votre bouche et criez fort.
62. Faites du jardinage.
63. Faites du changement dans la maison (par exemple, déplacer un meuble, un cadre, une plante).
64. Prenez les moyens pour éliminer les appels téléphoniques inopportuns.
65. Prenez un bain chaud ou une douche chaude.
66. Faites vos préparatifs la veille : vêtements, repas, articles pour l'école ou le travail. Finissez les tâches entreprises, ne les remettez pas au lendemain. Vous serez ainsi moins pressé.
67. À la fin de la journée, prenez quelques minutes pour revoir les événements de la journée et notez où vous avez réussi à réduire le stress et où vous auriez pu faire mieux.
68. Avant de vous endormir, imaginez le lendemain comme une journée réussie et sans stress. Conditionnez-vous mentalement.
69. Enfin, n'oubliez surtout pas que posséder un bon sens de l'humour permet de passer plus facilement à travers les difficultés quotidiennes.

Adapté de Hope Health Letter (The Hope Heart Institute, Seattle, Washington) et tiré du dossier « Stress » du site Internet de l'Association canadienne pour la santé mentale, division Chaudière-Appalaches, http://www.acsm-ca.qc.ca/stress/69-trucs.html.

TROISIÈME PARTIE

La foire aux questions : mes réponses aux interrogations les plus fréquentes des parents

Le secret du changement consiste à concentrer son énergie pour créer du nouveau, et non pas pour se battre contre l'ancien.

Dan Millman

11

L'entrée à la maternelle et les pleurs au moment de la séparation

Mon garçon a cinq ans et va entrer en maternelle en septembre prochain. Il a commencé à faire des crises le matin pour ne pas aller à la garderie. L'éducatrice me dit qu'il passe de belles journées à s'amuser dès que je suis partie. Cela me brise le cœur de le voir pleurer et, comme maman, je suis bouleversée pour une partie de la journée. Je le trouve timide et l'entrée à l'école m'inquiète un peu. Que puis-je faire?

L'entrée à la maternelle est une étape importante dans la vie de l'enfant, mais encore plus dans le cœur des parents. Contrairement à ce que plusieurs pensent, ce n'est pas parce que l'enfant est allé en garderie depuis le tout jeune âge que l'entrée en maternelle se fera aisément. Tout se joue sur les plans affectif et psychologique. Dans la courte mise en situation, on peut y voir plusieurs éléments: une réaction d'enfant face à une fin qui s'annonce (le deuil de la garderie, les amis, l'éducatrice, la routine) et le début d'une autre étape (l'école), la séparation le matin qui semble difficile à vivre, l'inquiétude du parent (son état émotif) face au comportement de son enfant (les pleurs, la timidité).

Je le répète: l'enfant qui entre dans une étape de son développement replonge inconsciemment les parents dans leur propre vécu. Tout d'abord, il est utile de se demander comme parent comment on a vécu cette étape et ce qu'on en a gardé. Puis, il faut départager entre ce qui appartient au parent et ce qui appartient à l'enfant: même s'il me ressemble, il n'est pas comme moi, n'a pas les mêmes parents et ne sera pas accompagné de la même façon.

Le parent peut aussi vérifier comment se passent les journées de l'enfant à la garderie lorsqu'il a quitté et si c'est positif, s'encourager en sachant qu'il fonctionne bien seul. Si l'enfant pleure et arrête quelques secondes après le départ, c'est le moment de la séparation qui est difficile. Pour aider l'enfant à vivre cet instant, le parent peut le préparer avant d'arriver à la garderie (ou à l'école ou tout autre moment où il y a séparation) en lui expliquant comment cela va se passer; par exemple: «Je vais t'aider à te dévêtir, on va se faire un gros câlin, tu vas voir ton éducatrice et je viendrai te chercher après la collation.»

On peut également faire parler l'enfant de ce qu'il pense faire dans sa journée, avec qui il va jouer, etc. Au moment de la séparation, lorsque l'enfant pleure, il ne faut pas éterniser le départ: on se fait un câlin comme prévu, on peut lui dire que c'est difficile pour lui de se séparer mais qu'il sait qu'il va passer une belle journée et qu'on est convaincu qu'il est capable de le faire seul. Il est fort possible que l'enfant continue à pleurer. Toutefois, en sachant qu'il arrêtera après notre départ et que pleurer fait aussi partie de la vie des enfants, on peut se dire que cela le libère afin qu'il puisse passer à autre chose.

Pour revenir à l'entrée à la maternelle, comme mère, il est important de se préparer, d'y penser et d'en parler au moins plusieurs mois d'avance. Pourquoi? Parce que la mère a une fonction plus enveloppante, plus protectrice, puisqu'elle a porté l'enfant dans son utérus et doit s'en décoller à chaque étape qu'il traverse, tandis que le père a pour fonction de séparer l'enfant, de le pousser à grandir et d'être autonome.

Il faut donc nous demander ce que cela nous fait vivre sur le plan émotif et chercher des façons de nous aider à vivre cette étape.

- Est-ce que c'est difficile pour moi de faire confiance à mon enfant, aux autres enfants, au professeur, au service de garde scolaire, à l'autobus, etc. ?

  Si c'est le cas, le parent doit chercher des moyens de se rassurer soit en rencontrant le professeur, la direction, le chauffeur d'autobus, soit en trouvant d'autres solutions (chercher un endroit où l'enfant pourra dîner, ou l'accompagner et être plus présent au début, puis prendre progressivement ses distances, etc.).

- Est-ce que j'ai peur de ce qui peut lui arriver? J'ai tellement entendu d'histoires...

  Si c'est le cas, dites-vous que pour une histoire négative entendue, il y en a 100 positives non entendues ! De plus, l'enfant a besoin de vivre des expériences pour se construire et vous serez là pour l'accompagner.

- Est-ce que cela me rend triste de voir mon enfant rendu à cette étape de sa vie?

  Eh oui, il y a un petit deuil à vivre à ce sujet. Comme me disait une dame pour s'aider à vivre ce deuil: «Si je veux vivre à nouveau l'étape de la petite enfance, j'ai toujours le choix d'avoir un autre enfant...»

- Est-ce que j'aurais aimé être plus présente à mon enfant?

  Il n'est jamais trop tard pour être présent à son enfant. Il y a plusieurs façons de s'impliquer: faire des sorties ou des activités avec l'école, siéger au conseil d'établissement de l'école, faire du bénévolat à la bibliothèque, etc.

- Est-ce que je suis inquiète parce qu'il est timide comme moi?

  Si c'est le cas, il est possible d'y faire face en faisant relever graduellement des défis à votre enfant, sans le forcer et en lui donnant de l'autonomie et des responsabilités, ce qui l'aidera à s'affirmer. Vous pouvez vous aider en lisant des livres sur le sujet ou en consultant des professionnels. Il faut aussi savoir qu'il existe des enfants et des adultes introvertis (ils sont réservés, sont portés vers l'intérieur, ont besoin d'observer avant d'entrer dans un groupe) et d'autres extravertis (ils sont davantage portés vers les autres et l'extérieur).

- Est-ce que c'est parce que j'ai détesté l'école étant enfant que je n'ai pas le goût que mon enfant vive cela lui aussi?

  Il y a alors lieu de parler à quelqu'un de ce que vous avez vécu pour éviter de le projeter à votre enfant.

Parlez de l'entrée à l'école avec votre enfant de façon positive. Dites-lui que c'est une étape importante pour lui et pour vous, qu'il va apprendre beaucoup de choses intéressantes et rencontrer plusieurs personnes différentes, que vous allez continuer à être là pour l'écouter lorsqu'il en aura besoin. Racontez ce que vous faisiez à l'école (jeux extérieurs, apprentissages, amis, noms des professeurs...). Voyez cette étape comme un beau défi pour lui.

Avant les premiers jours de classe, préparez votre enfant en élaborant les étapes des événements de la journée: je vais aller te reconduire à l'école (ou je vais attendre l'autobus avec toi), tu arriveras à l'école, ton professeur (nommer son nom va sécuriser l'enfant) va t'attendre toi et les autres enfants du groupe, vous allez probablement vous présenter, jouer, prendre une collation, etc. Surtout, n'oubliez pas de parler du retour à la maison pour rassurer l'enfant (l'heure ou le moment de la journée, l'autobus ou le parent qui viendra le chercher). Pour inciter l'enfant à voir l'école positivement, vous pouvez amener l'enfant jouer dans les jeux extérieurs de l'école, inviter des amis du voisinage ou de la garderie qui iront à l'école avec lui afin que tous jouent ensemble à la maison.

Lors de la première journée de classe, vous pouvez prendre une photo pour souligner cet événement et en faire un moment spécial chaque année que l'enfant grandit. Si les larmes vous montent aux yeux lors de cette première journée de classe, rassurez votre enfant en lui expliquant que c'est parce que vous êtes content pour lui.

12

La doudou, ou l'objet transitionnel

Ma fille de quatre ans refuse de s'endormir sans sa doudou (petite couverture) qu'elle a depuis qu'elle est bébé. Elle ne veut rien d'autre pour la remplacer et si j'essaie de la lui retirer, elle fait une crise. Jusqu'à quel moment cela va-t-il continuer et qu'est-ce que je peux faire pour l'aider ?

Vous savez, plus le parent accorde de l'importance à un objet ou à une attitude, plus l'enfant s'y accroche. Est-ce si important de lui retirer sa doudou ? Est-ce que cela nuit à la famille ou à son réseau social ?

La doudou est ce qu'on appelle un objet transitionnel. La plupart des enfants en ont et c'est ce qui permet la transition entre l'état de dépendance totale du bébé envers les parents à l'autonomie et à l'indépendance de l'enfant. C'est donc un bon objet dont l'enfant a besoin pour se réconforter et se sécuriser. Ce n'est pas un problème (à moins que le parent n'insiste et ne fasse que cela en devienne un) mais plutôt un développement sain. Je suggère de respecter et de protéger cet objet. Lorsqu'il ne lui sera plus nécessaire, il le désinvestira par lui-même ou il trouvera une autre façon de s'endormir qui lui conviendra davantage.

Il y a des enfants qui décrochent plus difficilement des premiers objets et qui ont besoin de les garder plus longtemps: sucette, doudou, toutou, vêtements, cadeaux... Le parent doit montrer à l'enfant que grandir, c'est renoncer à certains plaisirs d'enfants pour découvrir d'autres plaisirs de grands. On peut aussi choisir de faire une boîte à souvenirs à laquelle l'enfant aura accès pour se rappeler des bons moments.

Par contre, si l'enfant veut avoir sa sucette ou sa doudou à tout moment de la journée et à n'importe quel endroit, le parent pourra l'aider à ne pas développer de l'insécurité en lui demandant, par exemple, de ranger son objet le temps de jouer au jeu qu'il aime. Puis, le parent félicite l'enfant d'avoir réussi son défi. Par la suite, on augmente la durée où l'enfant doit être séparé de son objet. Si l'enfant refuse de collaborer, il est préférable de ne pas insister et de lui dire que vous savez qu'il est capable d'y parvenir mais que vous allez attendre qu'il soit prêt. Cela a pour but de préserver sa confiance en soi, élément important au développement de l'estime de soi.

D'un autre côté, il y a aussi le parent qui crée ce besoin ou cette habitude sans s'en rendre compte. Une des réactions fréquentes consiste à donner la sucette et la doudou pour que l'enfant cesse ses pleurs. Je trouve important de prendre l'enfant, de le consoler, de l'écouter lorsqu'il peut parler, de se retirer avec lui si ses pleurs semblent déranger les autres et, surtout, de lui laisser le temps de récupérer par lui-même. On peut dire que plus un enfant sera habitué à se fier à un objet extérieur pour se consoler et se réconforter, plus il lui sera difficile de désinvestir cet objet, et le parent devra donc l'aider graduellement à le faire.

13

La colère et l'agressivité

Notre fils de six ans exprime souvent et intensément sa colère envers son père et moi, ainsi qu'envers son petit frère de quatre ans en disant, par exemple: «Je ne vous aime plus», «Gros caca», «T'es pas gentil», «Je vais vous jeter aux poubelles», «Je vais partir d'ici!». Cela nous déroute et nous ne comprenons pas comment un enfant peut avoir autant de rage à l'intérieur de lui alors que nous faisons tout pour qu'il soit heureux. Quoi dire et comment réagir?

Le rôle de parent peut être très frustrant et ingrat parfois, en ce sens qu'il donne mais ne doit pas attendre que son enfant soit reconnaissant, du moins pas après avoir reçu un non de sa part. Les enfants apportent beaucoup aux parents mais pas toujours de la façon dont ces derniers s'y attendent.

Les parents ont pour rôle de donner de l'amour, ce qui est la base pour l'enfant, mais aussi de le frustrer en ne lui donnant pas tout ce qu'il désire et au moment où il le demande. C'est justement ce sentiment qui va pousser l'enfant à vouloir grandir et se mobiliser pour tenter de combler ses désirs. Pour dédramatiser les situations, j'utilise parfois la technique du besoin et du désir, c'est-à-dire qu'à partir d'une demande de l'enfant, je vérifie s'il s'agit d'un besoin ou d'un désir qui peut attendre. Si c'est un besoin, cherchons à le combler mais si c'est un désir, tentons de le laisser monter pour que l'enfant puisse l'apprécier. Celui-ci peut utiliser une «boîte à désirs» et y placer tout ce qu'il veut à l'intérieur ou encore dire son désir dans sa main puis l'envoyer dans les airs pour qu'il se réalise au moment le plus approprié.

Si le fait de frustrer votre enfant ou de lui mettre des limites vous dérange, vous pouvez vous demander ce que cela vous fait vivre et à quoi cela est-il relié dans votre vécu personnel. Souvent, ceux qui ont souffert d'avoir eu des parents sévères ont tendance à laisser faire leur enfant. D'autres qui ont eu un parent sévère et l'autre qui permettait tout, ont tendance à s'identifier au parent qui permettait tout et à reproduire cette permissivité. La plupart des parents veulent être les meilleurs du monde. Être bon parent, c'est ne pas oublier de reconnaître ses forces et ses limites tout en se respectant. Moins le parent s'affirme (il ne dit pas ce qui le dérange au moment où ça se présente), plus le sentiment d'irritabilité augmente en présence de l'enfant, et plus il y a de risques pour que la colère sorte intensément. Cela peut insécuriser l'enfant ou lui faire développer des comportements anxieux parce qu'il ne sait pas à quel moment s'arrêter. L'enfant va acquérir un sentiment de sécurité plus grand s'il connaît bien les limites de ses parents et pourra chercher à s'y appuyer en les confrontant, comme tout bon enfant va faire pour grandir.

Pour ce qui est de la colère que va vivre l'enfant, sachez qu'il s'agit d'une émotion saine, d'un besoin d'expression qui nécessite d'être canalisé de façon socialement acceptable. Si nous comparons la société québécoise à d'autres sociétés, nous remarquons que nous baignons dans la rectitude politique. Nous n'avons qu'à faire une incursion à Paris ou à échanger avec des gens qui viennent d'un autre continent pour remarquer à quel point nous avons de la difficulté à exprimer ou à recevoir cette émotion qu'est la colère.

Il faut ici faire la distinction entre colère et violence. La colère est une émotion alors que la violence, physique ou verbale, est une manière non acceptable d'exprimer la colère dirigée vers quelqu'un. Les parents doivent s'interroger, puis déterminer ce que l'enfant a le droit ou pas de dire et de faire lorsqu'il est en colère, et le diriger dans les zones permises. Par exemple, sur le plan physique, il n'a pas le droit de frapper quelqu'un, mails il peut frapper un coussin ou une poupée, ou encore barbouiller une feuille. Sur le plan verbal, il a le droit de crier dans sa chambre ou au sous-sol ou dans un oreiller, mais il ne doit pas vous crier des noms. Plus les enfants sont jeunes, plus leur colère s'exprime intensément et physiquement. C'est en lui autorisant d'être en colère, dans les limites que vous lui aurez mises, qu'il apprendra à se contrôler.

L'enfant apprend à parler en associant les mots nommés par le parent à l'objet représenté. Il en va de même pour la reconnaissance de ses émotions. Pour que l'enfant sache ce qui se passe en lui et fasse la distinction entre son émotion et l'objet visé, le parent doit nommer l'émotion exprimée et lui reconnaître le droit de la vivre tout en cherchant la cause. Par exemple, sur un ton calme mais ferme: «Est-ce que tu es en colère contre ton frère qui a pris ton jeu? C'est vrai que ça ne doit pas être plaisant pour toi. Tu as le droit d'être en colère, de dire que tu es fâché et de reprendre ton jeu, mais ici on ne frappe pas quand on est fâché. Si tu as besoin de frapper, tu peux toujours frapper le divan!» Ainsi, c'est un peu comme si le parent venait canaliser et diriger l'agressivité de l'enfant sans que cela cause de tort à qui que ce soit, à part le bon vieux divan!

Il ne faut pas oublier qu'il peut être frustrant pour l'aîné d'avoir à partager ses parents et, par le fait même, la maison avec un deuxième enfant. Si le parent essaie de raisonner le plus vieux par des phrases telles que: «Sois gentil envers ton frère plus petit, c'est toi le plus grand», celui-ci vivra encore plus de colère ou restera pris avec son agressivité. Dans ses mouvements de colère, dites-lui que vous comprenez sa frustration, que ce n'est pas facile pour lui mais que vous avez confiance en sa capacité de s'adapter à la nouvelle situation familiale, puis dirigez-le vers ce qu'il peut faire (vous aider de différentes façons comme le changement de couches, expliquer à son frère ou à sa sœur les choses qu'il ne connaît pas encore, etc.).

Rassurez-le en lui disant que vous l'aimez toujours même si vous avez un peu moins de temps à lui accorder. En visite, suggérez-lui des choses qu'il peut faire pour qu'on s'intéresse à lui plutôt qu'au nouveau bébé afin qu'il ne réagisse pas comme ce dernier: faire un dessin, montrer ses nouvelles prouesses ou habiletés, raconter quelque chose, lui lire une histoire... Si l'enfant arrive à se sentir aimé, à trouver sa place et à traverser son agressivité face à ce deuxième enfant, il pourra alors prendre plaisir avec son frère ou sa sœur et ils développeront une certaine complicité.

Essayez de ne pas vous arrêter aux commentaires ou aux phrases dites par votre enfant sous le coup de la colère. Ainsi, vous serez davantage en mesure de l'aider à distinguer son émotion de votre rôle de parent. Par exemple, lorsqu'il vous dit: «Je ne t'aime plus», il peut vouloir exprimer qu'il est présentement tellement fâché qu'il essaie de dire n'importe quoi pour vous atteindre et vous faire changer d'idée.

L'agressivité, quant à elle, est une énergie saine qui pousse à grandir et à aller de l'avant. Bien qu'elle soit présente chez tous les humains, il y a des enfants qui en démontrent plus que d'autres, selon leur tempérament, leur vécu et le contexte dans lequel ils se trouvent. Cette énergie a donc besoin d'être dirigée au bon endroit, et non envers lui-même ou quelqu'un d'autre. Un bon moyen pour canaliser l'énergie agressive de l'enfant consiste à jouer à des jeux symboliques: jeux de fusil, batailles, combats. Par contre, lorsque l'intensité du jeu augmente, soit par des plaintes d'un des enfants, du non-respect des règles ou des coups réels, c'est comme si la cloche du combat de boxe venait de sonner pour mettre un terme au jeu (qui n'en devenait plus un) ou encore pour faire un temps d'arrêt pour calmer les esprits. À ce moment, le parent peut proposer un autre jeu ou du moins interrompre celui qui peut créer des comportements violents. Le parent peut aussi mentionner aux enfants que s'il doit intervenir encore une fois (règle des trois avertissements), les enfants devront se séparer temporairement. C'est une façon de pousser les enfants à s'entendre et à respecter l'autre tout en laissant le temps à l'émotion de redescendre.

Un autre moyen de canaliser l'agressivité est de faire des activités qui permettront à l'enfant de se dépenser et d'aller au-delà de lui-même; par exemple, un sport de compétition (hockey, soccer, basket-ball, tennis...) ou qui demande de la discipline (boxe, karaté...). Les jeux de compétition dans lesquels le partenaire doit être mis en échec peuvent aussi aider; on n'a qu'à penser aux dames, aux échecs, aux dards, au billard, aux jeux de stratégie.

L'enfant apprend également en observant son parent. Il faut donc tenter le plus possible d'être cohérent entre les exigences faites envers lui et les nôtres. Par exemple, si le parent demande à son enfant de ne pas taper ou de ne pas crier, il va de soi que le parent doit mettre en application ce qu'il enseigne, c'est-à-dire de ne pas taper son enfant ni crier. Par contre, l'humain n'étant pas parfait, si le parent réalise qu'il a lui-même échappé à la règle, il peut y remédier en s'excusant et en expliquant sa perte de contrôle, puis se donner des moyens pour ne pas le répéter. Se donner en exemple dans la règle peut aider l'enfant qui veut justement faire comme les adultes: «Moi, je ne te crie pas des noms quand je suis fâché. C'est la même chose pour toi. Quand tu es fâché contre moi, tu peux l'exprimer en grognant dans ta chambre.» Comme la colère est une émotion saine, il est normal que le parent la vive également, perde patience, se fâche. Toutefois, il ne faut pas oublier que la façon dont on l'exprimera modèlera le comportement de l'enfant.

14

Lorsqu'une crise éclate

Lorsque votre enfant est en crise, il y a certains comportements qui aident à la calmer et qui font en sorte que votre enfant apprenne à se contrôler. En voici quelques-uns:

- Ne vous placez pas en spectateur de la crise. Tournez le dos à votre enfant, changez de pièce, placez-le dans sa chambre ou isolez-vous pour lui montrer que ce n'est pas la bonne façon d'avoir votre attention ni d'obtenir ce qu'il veut.
- N'achetez pas la paix. C'est souvent plus facile à dire qu'à faire, surtout dans les moments où le parent est fatigué ou encore en présence d'un enfant tenace. Soyez plus tenace que lui et dites-vous que si vous donnez à votre enfant ce qu'il désire après une crise, il aura compris ce qu'il doit faire la prochaine fois qu'il voudra quelque chose. Attention de ne pas faire ce qu'il désire dans le seul but d'éviter une crise car, tôt ou tard, il y en aura une, et vous lui aurez donné en plus le «gros bout du bâton»!
- Évitez de raisonner ou d'expliquer: ce n'est pas le moment car cela ne fait qu'alimenter la crise comme du vent sur une braise de feu...

- Tentez de rester calme, de garder le contrôle sans piquer de crise vous-même. Autant que possible, continuez de vaquer à vos occupations, ce sera le meilleur exemple à lui montrer pour se maîtriser.
- Gardez le silence et rappelez la consigne. Lui parler ne fera qu'alimenter la crise. Si l'enfant sort de la pièce ou s'il fait quelque chose d'interdit, ne lui rappelez que la consigne calmement mais fermement en le ramenant à l'ordre ; par exemple : « Tu pourras sortir quand tu seras calmé. »
- Complimentez votre enfant. Dès que la crise est terminée et qu'il s'est maîtrisé, félicitez-le de s'être calmé. Montrez-lui que vous l'aimez toujours et que c'est son comportement (cris, coups...) qui vous dérange. Cela renforcera le comportement de maîtrise de soi en lui accordant votre attention au bon moment.
- Ne tenez pas rancune à votre enfant. Quand la crise est terminée, votre enfant a besoin de vous. Bouder ou donner des conséquences à sa crise ne ferait qu'en provoquer une autre.
- Évitez de rappeler la crise. En reparler plus tard dans la journée ne ferait qu'augmenter les risques qu'il en pique une autre simplement pour que vous parliez de lui.

Si, après quelques semaines d'essais, les crises persistent ou s'intensifient, il y aurait lieu de s'interroger sur le sens des crises. Est-ce l'enfant qui est en réaction à quelque chose ? Est-ce le comportements des parents face aux crises qui pose un problème ? Est-ce qu'il y a quelque chose qui accroche entre les parents ? Y a-t-il quelque chose qui se répète ?

15

Les insultes, ou les gros mots des enfants

Si les insultes ou les gros mots que dit votre enfant vous dérangent, certaines attitudes peuvent vous aider à y remédier.

- D'abord et avant tout, déterminez ce qui est dérangeant et inacceptable et en choisir deux ou trois qui sont prioritaires : quels mots, quelles expressions, quel ton l'enfant emploie.
- Montrez l'exemple et parlez à votre enfant de la façon dont vous voulez qu'il parle.
- Dégagez un moment pour parler calmement à votre enfant de ce qui vous dérange et de l'objectif que vous allez vous fixer : l'aider à ne plus employer ces mots, les remplacer par d'autres (suggérez des mots, expressions ou façons de faire) et indiquer les conséquences qui suivront le non-respect de votre entente.
- Félicitez votre enfant lorsqu'il parle bien ou lorsqu'il respecte votre entente.
- Conséquence « user le mot » : pour aider votre enfant à se débarrasser d'un vilain mot, faites en sorte qu'il en ait assez de l'utiliser. Faites-lui répéter le mot ou l'expression pendant une minute pour chaque année d'âge. Si l'enfant a six

ans, on règle la minuterie à six minutes pendant lesquelles il répète le mot ou l'insulte.

- Conséquence «temps d'arrêt»: lorsque votre enfant provoque par ses mots ou cherche la confrontation ou la chicane, il est probablement temps de proposer un temps d'arrêt et de le retirer dans un coin ou dans sa chambre pendant une minute pour chaque année d'âge.
- Utilisez l'humour pour dédramatiser. Lorsque vous voyez que votre enfant cherche à avoir le dernier mot, plutôt que d'entrer dans une bataille interminable, vous pouvez simplement dire «mot» et le répéter avec un sourire. Cela le déstabilisera et il cherchera à savoir ce que vous faites. Vous pourrez alors lui expliquer que vous avez constaté le désir d'avoir tous deux le dernier mot. La prochaine fois, vous risquez de rire tous les deux ou de vous le faire dire par votre enfant!

Un dernier conseil concernant cet aspect, gardez vos punitions les plus sévères pour les comportements vraiment importants et nocifs envers lui et les autres. En effet, les mots ou les insultes sont, dans le pire des cas, agaçants mais inoffensifs pour sa vie et celle des autres. En psychologie, rien ne prouve qu'on enseigne le respect aux enfants en les punissant pour leur manque de respect. Réfléchissez...

16

La différence physique, la souffrance et les conflits d'enfants

L'autre jour, notre fille de huit ans est arrivée de l'école en pleurs à la suite d'un commentaire d'une autre petite fille concernant ses cheveux roux. Cette dernière habite dans notre rue et c'est une vraie peste qui dit des méchancetés, cherche querelle partout où elle va et prend notre fille comme bouche-trou. Comme ce n'est pas la première fois que ça arrive et que notre fille est plutôt renfermée, je me suis fâchée et suis allée parler à la mère de la petite voisine, malgré la désapprobation de mon conjoint. La mère ne me parle plus depuis et ma fille semble encore plus gênée. Ai-je bien fait et qu'aurais-je pu faire d'autre?

Votre réaction est en fait un réflexe fréquent des parents lorsqu'ils sentent leur petit souffrir. Les parents ne sont-ils pas justement là pour protéger leurs enfants? Par ailleurs, regardons ce que cette bonne intention enseigne et laisse intérieurement à l'enfant.

En fait, lorsque vous agissez à la place de l'enfant, que vous cherchez à régler vous-même ses difficultés, vous en faites une victime que quelqu'un d'autre doit protéger et défendre. C'est un peu comme si vous lui disiez qu'il n'est pas capable de se défendre seul, qu'il a besoin d'un adulte pour le faire à sa place. Ça peut le rendre encore plus fragile ou vulnérable aux situations de ce genre. Je crois plutôt que vous devez miser sur les forces de votre enfant pour qu'il développe ses propres moyens de défense et ainsi favoriser son estime de soi.

Il ne faut pas oublier que ce genre de conflits fait partie de l'enfance. Tout adulte en a été victime ou, du moins, témoin durant son enfance, ce qui éveille chez le parent un désir de réparer une certaine blessure ou encore de se faire justice à travers le vécu de son enfant. Une différence physique ou intellectuelle chez l'enfant vient aussi faire surgir un sentiment d'injustice chez le parent qui veut réparation. Toutefois, cette justice est celle de l'adulte et non de l'enfant. Le parent a intérêt à faire attention de ne pas régler ses propres conflits à travers ceux de son enfant.

Ce désir de protéger en défendant son enfant et en faisant à sa place se trouve plus souvent chez les mères, qui ont un instinct protecteur, que chez les pères, qui ont souvent une attitude de laisser-faire. En fait, la fonction paternelle est de pousser l'enfant à se défendre, alors que la fonction maternelle est davantage enveloppante. Dans les cas de conflits de ce genre, les mères auraient intérêt à suivre les directives du père si celles-ci vont dans le sens de la fonction paternelle. Cela vaut surtout pour un enfant d'âge scolaire qui a la capacité d'échanger verbalement en réfléchissant avec le parent, tandis que le tout-petit a besoin de la parole de l'adulte dans ses interactions, où la fonction maternelle est très importante.

Les attitudes à privilégier dans ces moments :

- Écoutez et faites parler l'enfant autour des faits, de sa peine et de ses émotions.
- Si vous avez des souvenirs qui sont en lien avec ce qu'il vit, vous pouvez lui en faire part, surtout si ce sont des exemples où vous en êtes bien sorti. Votre enfant se sen-

tira moins seul et aura un exemple à mettre en application s'il le désire.

- Tentez de trouver avec votre enfant des façons de réagir qu'il pourrait utiliser pour une prochaine fois. Faites ressortir toutes les suggestions et laissez l'enfant choisir celle qui lui convient le mieux.
- Pour que votre enfant réagisse mieux une prochaine fois, faites un jeu de rôles où vous imitez l'autre jeune.
- Vous pouvez aussi utiliser la technique de la chaise vide où votre enfant dit tout ce qu'il aurait envie de dire à l'autre si celui-ci était assis sur la chaise.
- Ne tentez surtout pas de vous interposer dans le conflit.
- Vous pouvez mentionner à votre enfant ce que vous pensez de cette situation, mais n'oubliez pas que lui et vous êtes différents.
- Si ce qu'il vit vous dépasse ou vous submerge, parlez-en à des parents ou à des amis.
- Si la difficulté persiste, demandez l'aide d'un professionnel.

17

La manipulation: « Notre enfant a peur et il dort dans notre lit ! »

Notre garçon a six et il dort dans notre lit parce qu'il a peur. J'ai tout essayé pour lui montrer qu'il n'y avait aucun danger ni aucun monstre ou fantôme, mais rien ne fonctionne. C'est comme ça depuis qu'il a environ trois ans. Au début, je me disais que ça allait passer mais là, je me demande si ce n'est pas pour nous manipuler. Pourtant, il a vraiment l'air d'avoir peur. Ça me fait penser à moi quand j'étais petit, mais mon père a vite réglé la situation: « Tu dors dans ton lit, point ! » Je suis un père qui cherche une solution...

Je peux vous dire, monsieur, que ce que vous vivez, je l'entends régulièrement. C'est à trois ans que ce genre de peurs débute chez l'enfant (voir à ce sujet « Le complexe d'Œdipe », à la page 95) et il arrive très souvent qu'il se retrouve dans le lit de ses parents pour tenter de calmer sa peur. Malheureusement, cette tentative échoue lorsqu'il tente de retourner dans son lit, car l'angoisse est souvent encore présente.

En acceptant l'enfant dans leur lit, c'est un peu comme si les parents lui disaient: « Tu as raison d'avoir peur, c'est mieux de rester tous ensemble... » En fait, plutôt que de rassurer l'enfant et lui permettre de relever le défi d'affronter sa peur, cela place les parents et l'enfant dans un cercle vicieux: peur –

dormir dans le lit parental – diminution de la confiance en soi. En réalité, le parent doit être là pour rassurer l'enfant et lui renvoyer l'image qu'il est capable de dormir seul puisqu'il n'y a aucun danger réel.

Il n'est jamais trop tard pour corriger cette habitude. En effet, plus l'enfant est petit, plus ce sera facile à intégrer car il développera ses propres routines d'endormissement. Par contre, si l'enfant dort avec ses parents depuis sa naissance, il faudra plus de temps et de patience. Selon les situations et les personnes en cause, il peut être plus ou moins lourd et épuisant pour les parents d'accompagner l'enfant dans cet apprentissage. Cependant, c'est un bel héritage à lui léguer.

Il appartient aux parents de trouver leurs propres façons de faire pour s'ajuster et faire en sorte qu'ils aient confiance en ce qu'ils font. Voici ce que je vous suggère :

- Assurez-vous d'être en accord avec votre conjointe sur la façon de procéder pour ne pas que l'enfant sente un désaccord et qu'il y réagisse.
- Prenez un moment calme pour discuter avec votre enfant et faites-lui part de la situation qui vous dérange. Faites comme s'il s'agit d'un défi qu'il a à relever et dans lequel vous l'accompagnerez.
- Vous pouvez lui parler de votre histoire quand vous étiez petit, de la réaction de votre père et comment vous êtes arrivé à surmonter votre peur.
- Faites-le parler de ses peurs pour les faire disparaître : le genre, comment il les voit. Il peut aussi les dessiner, puis les jeter pour qu'elles ne reviennent pas, etc.
- Demandez-lui qu'il trouve quelques moyens qui pourront l'aider à dormir dans son lit : un objet rassurant (doudou, toutou, t-shirt ou pyjama du parent) qu'il pourra par la suite délaisser, une petite veilleuse ou une lumière allumée d'une pièce voisine (par exemple, celle de la salle de bain). Vous

pouvez faire le tour de la pièce une seule fois avec votre enfant pour lui montrer qu'il n'y a pas de monstre. Soyez créatif et utilisez votre imagination.

- Vous pouvez lui parler des défis qu'il a déjà relevés par le passé ou encore du fait qu'il a déjà dormi seul dans son lit, ce qui prouve qu'il est capable. Dites-lui qu'avant d'être en couple, les gens dorment seuls.
- Il existe des livres à lire à l'enfant qui traitent des peurs ou de l'heure du dodo ; par exemple, les séries *Benjamin, Caillou, Cajoline*, etc.
- Une routine du dodo, pourvu qu'elle soit toujours la même, aide également l'enfant à s'endormir ou à rester dans son lit.
- N'oubliez pas de féliciter chaque petit effort ou chaque petite réussite que votre enfant aura fait pour relever son défi.
- Pour vous, monsieur, je vous suggère, si vous le désirez, de retourner dans vos souvenirs d'enfant pour voir comment vous avez vécu ce passage avec votre père et comment vous l'avez perçu face à votre peur. Y a-t-il un lien avec votre comportement actuel de père face à votre enfant ? Parfois, l'adulte qui a reçu une limite étant enfant garde une frustration ou un sentiment d'injustice qu'il cherche à éviter de faire vivre à son enfant, même si, comme je l'ai déjà mentionné, une certaine frustration est nécessaire à l'enfant.

Malgré toutes les solutions possibles et imaginables, la difficulté des parents est de rester fermes et de ne pas céder à cette demande durant la nuit, où ils sont fatigués et à moitié endormis.

Il appartient au père d'aider l'enfant à se distancier de la fusion maternelle, entre autres à l'heure du dodo. Certaines familles disent justement que ce moment est plus facile et s'étire moins longtemps quand c'est le père qui l'assume plutôt que la mère. Par la suite, le reste vous appartient en ce sens que vous devrez être ferme et maintenir le fait qu'il sera fier d'avoir relevé le défi de dormir dans son lit.

Il arrive souvent qu'un des parents se mette à la place de l'enfant, devienne empathique et donc sensible à ce qu'il ressent et veuille le protéger. Alors que c'est justement le contraire qu'il faut faire, en ce sens qu'on doit croire au potentiel de l'enfant et non le protéger puisqu'il n'y a aucun danger potentiel autre que dans son fantasme. Or, croire au fantasme de l'enfant, c'est donner raison à la peur. Par contre, je suis d'accord d'accompagner l'enfant et de trouver un juste milieu entre une attitude cassante et un laisser-aller.

Pour ce qui est de la manipulation, je dirais que les enfants ont une intelligence affective, c'est-à-dire qu'ils s'ajustent aux parents qu'ils ont et à ce qu'ils ressentent. Je crois davantage à une certaine innocence de l'enfance combinée à une attitude de l'enfant qui cherche à satisfaire un désir en lien avec une difficulté parentale à mettre et à maintenir des limites. Il est certain que si l'enfant détecte la moindre possibilité que le parent change d'idée, alors il y verra une occasion d'obtenir ce qu'il désire. Par contre, le fait que le parent se sente manipulé est un bon indice qu'il se passe quelque chose qui mérite qu'on s'y arrête. Dans votre situation, il est fort possible que votre enfant ait encore plus peur juste pour pouvoir dormir dans votre lit puisqu'il sent votre vulnérabilité face à sa peur (ce qui rejoint votre vécu avec votre père comme vous l'avez mentionné). À partir du moment où il sentira que sa peur n'a plus d'emprise sur vous, il ne cherchera plus à dormir dans votre lit... ou il cherchera peut-être un autre terrain de vulnérabilité !

18

Le rôle de parent, la garderie, la culpabilité et les limites

Je suis une maman qui travaille quatre jours par semaine. J'ai un travail qui me satisfait et deux beaux enfants que j'adore, un garçon de deux ans et une fille de quatre ans. Tous deux vont dans un CPE cinq jours par semaine. Au début, je m'étais dit que je les garderais avec moi durant ma journée de congé et que je profiterais davantage de leur présence durant l'été. Mais voilà que je me retrouve à ne pas faire ça. Je l'ai essayé, mais je me suis rapidement trouvé des raisons pour les envoyer à la garderie (épicerie, heures supplémentaires, ménage, courses, activités sociales, fatigue, sorties, etc.). Lorsque je les gardais durant mon congé du vendredi, c'était atroce pour moi qui étais épuisée de répéter, de les occuper et de ramasser. Est-ce normal que je trouve ça difficile d'être parent et que j'ai même hâte d'aller travailler?

En effet, ce n'est pas simple d'être parent, et plusieurs mères se retrouvent dans une situation comme la vôtre. Aujourd'hui, la garderie à moindre coût pour les parents et la réglementation qui en découle (payer les jours d'absence ou pour garder la place de l'enfant, etc.) n'a pas eu que des côtés positifs. Cela fait en sorte qu'il est plus facile pour le parent, qui a toutes les bonnes intentions du monde, de déléguer la responsabilité aux éducatrices. Alors que la routine n'est pas intégrée à la maison et que des conflits éclatent, le parent, déjà fatigué par l'horaire de travail, s'empare de la solution la plus près de lui : la garderie.

Aussi, les parents se cherchent des modèles et tentent de reproduire ce que font les éducatrices alors que leur rôle est tout à fait différent. Les parents n'ont pas à devenir des animateurs de jeux pour leur enfant. On les voit régulièrement chercher à combler tous les moments de tranquillité de leurs enfants par différents jeux ou activités. Les parents peuvent le faire s'ils le désirent, mais ils doivent savoir que c'est au prix de la fatigue et des demandes des enfants. Pourquoi ne pas simplement retrouver le plaisir d'être avec les enfants, de vivre le moment présent, de leur enseigner les responsabilités qui incombent à tout adulte et de trouver des moyens de prendre plaisir à faire ensemble l'épicerie, les courses, le ménage, les sorties et les activités sociales ?

À la garderie, l'enfant développe une routine, ce qui le sécurise beaucoup et fait en sorte qu'il y ait peu de place à la négociation. Alors qu'à la maison, il y a des moments de laisser-aller, ce qui fait place à l'improvisation ; par exemple, la fin de semaine, lors de soupers avec des amis, de sorties ou d'activités spéciales ou encore dans des moments de transition (congé des fêtes, vacances d'été). Or, qui dit changement dit adaptation et réactions des enfants. Donc, durant ces moments, il faut que le parent prenne conscience de ce phénomène et se donne du temps, une routine et des moyens concrets pour y faire face.

C'est dans l'enfance qu'on crée un sentiment de sécurité intérieur ainsi que des liens significatifs et durables. Que veut léguer le parent en héritage à son enfant : une impression qu'il est un enfant exigeant, difficile, tannant... ou qu'il est tout simplement un enfant qui a besoin d'un parent ? En fait, ce dernier doit mettre toutes les chances de son côté pour que son enfant se développe le plus sainement possible.

Plusieurs personnes ne réalisent qu'à la naissance de l'enfant comment il peut être exigeant de passer du rôle de célibataire à celui de parent. C'est d'ailleurs pourquoi elles ont besoin de s'entourer d'amis qui vivent à peu près les mêmes choses ou avec qui elles peuvent partager et se ressourcer le moment venu. Il y a aussi des mères qui ne sont pas faites pour être à la maison à temps plein et qui préfèrent travailler. Le travail peut être un lieu de ressourcement, de reconnaissance et de valorisation nécessaire au bien-être de certaines personnes, des éléments que l'enfant, même le plus formidable du monde, ne peut leur apporter. Comme mère, il faut se l'avouer et mettre de côté la culpabilité pour faire des choix éclairés concernant la famille. Cela ne veut pas dire pour autant que ce besoin de reconnaissance au travail est une raison d'abandonner sa responsabilité de parent à quelqu'un d'autre (grands-parents, conjoint, éducatrice...).

En ce sens, je suggère tout d'abord de tenter une mise au point: Quel genre de parent suis-je? Qu'est-ce que j'aime? Qu'est-ce qui me dérange? Sur quoi puis-je faire des compromis? Qu'est-ce qui est non négociable? Quels sont mes besoins (amis, sorties, temps de couple, détente, heures de travail et heures à la maison, etc.)? Par la suite, on doit définir quelles sont nos limites et quelles limites il faut mettre à nos enfants et, surtout, comment le faire pour que ce soit efficace. Le parent doit aller chercher les outils nécessaires pour les mettre en application selon l'âge des enfants (livres, télévision, éducatrices, enseignants, *coaching* parental, etc.).

Un élément important à retenir: ne pas abandonner ni démissionner de son rôle de parent face à l'enfant même si c'est difficile. Et quel est ce rôle, demanderez-vous? Entre autres, il en est un d'amour inconditionnel et d'affection, de sécurité et de protection, de discipline et de limites pour qu'il apprenne à vivre avec la société et non en marge de celle-ci, de filiation, d'ouverture sur le monde, de contrôle des pulsions (agressivité, sexualité) pour qu'il apprenne la patience, etc., tout au long du développement de l'enfant.

Les enfants nous révèlent tellement sur nous-mêmes si nous prenons le temps d'écouter et d'oser nous remettre en question tant dans notre rôle de parent que dans notre ancienne vie d'enfant, sans oublier notre fatigue, nos blessures, nos incohérences, nos forces et nos faiblesses, nos manies, notre humeur, etc. Ils peuvent être un guide d'épanouissement personnel si le parent investit du temps en ce sens. Les enfants sont une continuité de la vie et vont transmettre à leur tour les valeurs acquises.

19

Le rôle de grands-parents et l'autonomie de l'enfant

Je suis un grand-père qui s'inquiète du bien-être de sa petite-fille. Elle est âgée de 20 mois et lorsqu'elle fait quelque chose de sa propre initiative, ses parents vont au-devant d'elle et le font à sa place. Ils l'empêchent d'aller fouiller dans les endroits non dangereux et aussi de grimper ou de sauter sous prétexte qu'elle va tomber. Alors, elle devient craintive, impatiente ou frustrée dès qu'elle tente quelque chose de nouveau. Que faire dans tout ça ?

Vous avez raison, monsieur, en ce qui concerne les besoins de votre petite-fille. Pour développer la confiance en soi, en ses capacités physiques, en son autonomie et satisfaire sa soif de découvrir le monde, l'enfant a besoin qu'on le laisse explorer en toute sécurité. Cela veut dire :

- Laisser faire l'enfant le plus possible par lui-même. Lorsque l'enfant tente une nouvelle habileté motrice comme celle de monter les marches d'escalier, le parent se place tout près pour le regarder expérimenter et intervenir au besoin.
- L'encourager à essayer seul avant de l'aider. Par exemple, si l'enfant demande au parent d'attacher sa veste, ce dernier peut lui dire qu'il va l'aider après qu'il aura essayé par lui-même.

- Le stimuler à continuer avant qu'il se décourage. Si l'enfant apprend à faire du vélo à deux roues, le parent peut souligner ses efforts et ses progrès, l'aider à se relever s'il tombe et l'encourager à poursuivre.
- Le regarder faire sans le perdre de vue. Si l'enfant fait des prouesses particulières sur la balançoire ou dans la piscine, on l'observe sans le quitter des yeux pour sa sécurité.
- S'assurer qu'il n'y a pas d'objets dangereux, fragiles ou précieux à sa portée.
- Donner des tâches à faire selon son âge et ses capacités. Par exemple, entre 18 et 24 mois, il peut aider à mettre la table (cuillères, napperons, assiettes ou verres en plastique) ; vers trois ans, il peut aider à ramasser son dégât ; à quatre ou cinq ans, il peut faire son lit et placer ses vêtements sales dans le panier à linge ; vers sept ou huit ans, il lui est possible d'utiliser un réveille-matin, etc. Toutes ces actions se font en n'exigeant pas que ce soit parfait et en sachant que la coordination de l'enfant s'améliore avec l'âge et la pratique.

Par ailleurs, comme vous êtes extérieur à la situation et extérieur au triangle père-mère- enfant, il vous est plus facile de voir ces comportements que si vous étiez là quotidiennement. Les parents ont probablement de bonnes raisons, souvent inconscientes, d'agir ainsi avec leur enfant. En voici quelques-unes :

- Parents plus inquiets parce que l'enfant a été malade ou parce qu'il a été longtemps désiré.
- Difficulté pour les parents de voir grandir leur enfant.
- Parents au tempérament anxieux.
- Difficulté à faire confiance aux capacités de leur enfant et peut-être aussi, de façon générale, à faire confiance à la vie.

- Manque de temps ou trop préoccupés par le travail, donc c'est plus rapide de faire à la place de l'enfant.

Par ailleurs, à l'intérieur d'une famille, il se crée une adaptation mutuelle entre les parents et l'enfant grandissant. Dans ses premiers mois de vie, c'est la fonction maternelle qui est nécessaire à l'enfant: la fusion, l'amour, l'affection, la chaleur, la nourriture, le fait de deviner les besoins de l'enfant à partir du ressenti et de les combler. Ici, je parle de fonction, c'est-à-dire que les qualités de celle-ci peuvent aussi être assumées par un père, même si elles se retrouvent principalement chez les mères. Par la suite, la fonction paternelle vient aider l'enfant à se décoller de la mère, à rechercher une certaine autonomie et indépendance. Cette fonction lui apprend à patienter pour satisfaire ses besoins et désirs, à canaliser l'expression de l'agressivité vers une source constructive, à découvrir le monde extérieur et à apprendre les limites et les règles qu'impose la vie en société. Les qualités de cette fonction se retrouvent principalement chez les pères, mais elles peuvent être instaurées et encouragées par les mères également.

Ainsi, cher monsieur, dans la situation que vous avez expliquée, la fonction paternelle aiderait effectivement votre petite-fille à fouiller, à grimper ou à sauter en toute sécurité. Cela lui permettrait d'être plus confiante en ses capacités, plus patiente et moins frustrée. Par contre, si la fonction paternelle est déficiente à la maison, on peut miser sur les capacités d'affirmation de l'enfant pour se faire entendre, ce qui semble être le cas de votre petite-fille qui entre justement dans sa période d'affirmation.

En ce qui concerne votre rôle de grand-père qui voit des comportements à améliorer chez les parents, vous êtes dans une position bien délicate. Si vous tentez de leur en parler, vous risquez fort de les atteindre dans leurs compétences parentales, qualités souvent fragiles en début de carrière de parents! Il faut dire que les rôles de parents et de grands-parents sont bien différents, et l'enfant sait rapidement faire la différence. Il apprend très vite que chez grand-maman et grand-papa, il peut faire plein de choses qu'il ne peut pas faire à la maison ou en présence de papa et maman. Il est également plus facile pour les grands-parents de s'identifier au petit et d'avoir une relation privilégiée avec lui. Ceux-ci peuvent devenir pour leur petit-fils ou leur petite-fille un allié, un complice, un ami qui a de l'expérience, un confident...

Il m'arrive souvent d'entendre des histoires où un enfant a confié un secret à sa grand-mère qu'il lui était trop difficile à dire à ses parents, ou encore de raconter à ses grands-parents ce qu'il vit à travers le divorce de ses parents. D'un autre côté, il est important pour le développement affectif de l'enfant et pour les relations familiales que les grands-parents démontrent du respect envers les parents. Je vois fréquemment des parents vivre de l'incertitude relativement à leurs compétences de parents, surtout en présence des grands-parents, ce qui amène un lot de conflits. Ainsi, pour les grands-parents, le respect implique, entre autres:

- De ne pas défaire ce que les parents imposent comme règles. Par exemple, si la mère dit que deux bonbons sont suffisants mais que la grand-mère ajoute qu'ils sont sans sucre et en donne d'autres à l'enfant, elle défait la règle.
- De ne pas banaliser ou ridiculiser ce que font les parents dans leur rôle. Par exemple, le grand-père qui dit: « Allons, c'est juste cinq minutes de plus ! »
- De soutenir les parents dans leurs interventions. Par exemple, à l'heure du départ, si l'enfant va voir sa grand-mère et lui demande de rester à coucher, elle peut redire la même chose que le parent, soit que c'est l'heure de partir et qu'il pourra venir coucher une autre fois après en avoir parlé avec ses parents.
- De s'abstenir de parler en présence de l'enfant s'ils ne sont pas du même avis que les parents.

Pour revenir à votre exemple, monsieur, si vous avez une bonne communication avec les parents, vous pouvez essayer d'aborder le sujet en parlant de votre expérience passée de père. Vous pouvez aussi passer par l'enfant en nommant ce que votre petite-fille exprime lorsqu'elle s'impatiente, qu'elle devient frustrée ou qu'elle crie. Par exemple, si votre petite-fille entreprend de faire quelque chose de nouveau et qu'elle crie lorsque sa mère intervient pour l'arrêter, vous pourriez dire: «On dirait que tu es fâchée que ta maman t'empêche de faire...» Il faut alors mettre l'accent sur le comportement de l'enfant et de l'adulte en l'amenant comme une hypothèse et non comme une certitude. Si vous aimez lire, il existe des livres sur le sujet. Je vous suggère *Pour favoriser l'estime de soi des tout-petits*, écrit par la psychologue Danielle Laporte. Vous pouvez l'offrir en cadeau ou leur faire partager votre découverte.

Voici deux histoires qui illustrent l'apprentissage de l'autonomie chez l'enfant et la position des parents. La première vient d'un congrès international où le porte-parole faisait le parallèle entre l'autonomie de l'adolescent et le singe lémurien. Les lémuriens, disait-il, ont besoin de connaître les risques de grimper aux arbres en apprenant jusqu'à quelle hauteur ils peuvent aller sur les branches les plus fragiles. Pour ce faire, les mères s'agrippent à la moitié de l'arbre, observent leur petit grimper et, par le fait même, tomber et retomber. Quant à la mère, grâce à sa propre expérience, elle connaît les risques réels de cette exploration et s'assure qu'il n'y a pas de danger pour son petit aventurier.

La seconde histoire est tirée du film sur la vie du chanteur Ray Charles. Ce dernier a environ huit ans lorsqu'il perd la vue et s'accroche à sa mère par sécurité chaque fois qu'il fait quelque chose. Habitant dans un milieu dur, la mère veut qu'il soit capable de se débrouiller et de se défendre. Elle décide donc de le laisser apprivoiser ses nouvelles capacités en s'absentant quelques instants. Il essaie de faire quelque chose, mais il se retrouve par terre, sans repères, et appelle désespérément sa mère. Cette dernière arrive, mais elle ne dit rien et attend de voir comment il va se débrouiller seul. C'est une scène très émotive, car la mère l'observe les larmes aux yeux sans rien dire alors que son fils pleure et travaille fort pour réussir seul ce qu'il avait à accomplir. Ce moment fut, selon l'auteur du film, marquant pour l'autonomie de Ray Charles.

Pour terminer, il ne faut pas oublier qu'il est tellement facile de voir des comportements à changer chez les autres ou de dire «Je ne ferais pas ça ! ». Être parent, c'est un peu comme un peintre : il a besoin de prendre du recul par rapport à son œuvre afin de voir ce qui manque ou ce qui cloche. Il peut également être accompagné dans ses coups de pinceaux !

Conclusion

Tout au long de ce livre, j'ai voulu rejoindre les parents dans leur capacité à agir et à réagir pour comprendre et améliorer leur situation familiale. À l'ère des technologies, les familles se sentent de plus en plus isolées. Plusieurs mères et pères se sentent seuls dans leur rôle ou à vivre ce qu'ils vivent. Je le constate régulièrement dans ma pratique et lorsque j'animais des groupes de parents au CLSC. Au début de chaque session de groupe, les parents étaient plutôt hésitants à parler de leur situation familiale ou à raconter leurs difficultés. Toutefois, dès que le climat de confiance s'installait et que les gens réalisaient qu'ils étaient dans le même bateau, j'assistais à de beaux échanges et à une entraide mutuelle. Dès ce moment, je n'avais qu'à proposer un thème pour que le groupe s'anime. Je n'avais alors plus besoin de travailler ! Je devenais le témoin admiratif de ces gens qui apportent des solutions à des situations quotidiennes. À la fin, ils s'échangeaient leurs coordonnées et gardaient contact. Cela confirme que l'humain a besoin de s'entourer de gens qui vivent des situations semblables, besoin que ne peut réellement combler Internet !

Avec l'aide de mises en situation et de nombreux exemples, j'ai voulu signifier à toutes ces personnes qui n'osent parler de ce qu'elles vivent par peur d'être jugées, qu'elles ne sont pas seules. Mon intention était également d'apporter des outils et des trucs qui, bien qu'ils ne soient pas miraculeux, ont aidé plusieurs personnes jusqu'à maintenant, y compris moi.

C'est en tant que psychologue qui accompagne des parents et des enfants en thérapie ainsi que superviseure clinique auprès d'éducatrices en garderie et en milieu scolaire, sans oublier le fait que je suis mère, que j'ai pu faire naître ce livre.

Loin de moi l'idée de détenir la vérité, mais je crois qu'un livre est un bon compagnon qui peut nous apporter beaucoup dans des moments difficiles et de remises en question. J'espère qu'il contribuera à votre épanouissement en tant que parent !

En cette époque de performance, de rapidité et de surconsommation, se tourner vers la famille, c'est se donner le droit de prendre le temps de vivre et d'entrer en contact avec l'essentiel : l'*être* par opposition à l'*avoir* ou au *faire* ! Prendre du recul, se questionner, réfléchir et ressentir sont des outils puissants vers un mieux-être.

On n'a qu'à observer la réaction de nos aînés à la retraite quand ils établissent un contact avec les enfants. Les avez-vous remarqués lorsque vous promenez votre bébé ? Ils vous arrêtent, lui parlent, lui sourient, font des remarques attendrissantes. Ou encore, vous tournez la tête pour voir ce qui fascine votre enfant et voilà ce grand-papa inconnu qui lui fait des prouesses pour le faire rire. Tout cela pour conclure : après le temps de travail, que reste-t-il ? La vie !

Notes

1. M. Brillon (2006), *La pensée qui soigne*, Montréal, Éditions de l'Homme, p. 65.
2. Réjean Tessier, professeur à l'école de psychologie, *Au fil des événements*, journal de l'Université Laval, 13 novembre 2003. Dans www.ecofamille.com/la_methode_kangourou.htm.
3. D. Servan-Schreiber (2003), *Guérir le stress, l'anxiété et la dépression sans médicaments ni psychanalyse*, Paris, Robert Laffont, p. 188-189.
4. Mise en situation inspirée de l'histoire racontée dans D. Servan-Schreiber (2003), *Guérir le stress, l'anxiété et la dépression sans médicaments ni psychanalyse*, Paris, Robert Laffont, p. 82-83.
5. J. Salomé (1997), *Pour ne plus vivre sur la planète TAIRE*, Paris, Albin Michel.
6. S. Bouchard et P.-C. Morin (1992), *Introduction aux théories de la personnalité*, Boucherville, Gaëtan Morin éditeur, p. 149.
7. M. Phaneuf (2002), *Communication, entretien, relation d'aide et validation*, Montréal, Chenelière/McGraw-Hill, p. 26.
8. F. Dolto (1978), *Lorsque l'enfant paraît*, tome 2, Paris, Éditions du Seuil.
9. J. Piaget (1964), *Six études de psychologie*, Genève, Gonthier.
10. Journal *le Soleil*, le dimanche 26 novembre 2006, p. A11.
11. Site Internet : www.petitmonde.com/iDoc/Article.asp?id=10327.
12. T. Berry Brazelton (1994), *Points forts*, Paris, Stock-Laurence Pernoud.

13. Site Internet: http://www.prevention.ch/lepreuvedudeuil.
14. J.-A. Benoit (2005), *Des solutions pour les familles d'aujourd'hui*, Outremont, Éditions Quebecor, p. 202.
15. J.-C. Liaudet (1998), *Dolto expliquée aux parents*, Paris, J'ai lu.
16. T. Berry Brazelton (2002), *Points forts, de 3 à 6 ans*, tome 2, Paris, Stock-Laurence Pernoud.
17. Maryse Damiens et Gisèle Ginsberg, *Nos enfants et la sexualité*, Paris, Éditions Pocket.
18. D. Laporte (1999), *Être parent, une affaire de cœur*, tome 1, Montréal, Hôpital Sainte-Justine.

Bibliographie

ASSOCIATION CANADIENNE POUR LA SANTÉ MENTALE (1995). *Programme de sensibilisation à la vie familiale*, document inédit.

BENOIT, J.-A. (2005). *Des solutions pour les familles d'aujourd'hui*, Outremont, Éditions Quebecor.

BESSE, J.-M. et FERRERO, M. (1983). *L'enfant et ses complexes*, Bruxelles, Pierre Mardaga.

BETTELHEIM, B. (1976). *Psychanalyse des contes de fées*, Paris, Robert Laffont.

BLOCH. H. *et al.* (1992). *Le grand dictionnaire de la psychologie*, Paris, Larousse.

BOUCHARD, S. et MORIN, P.-C. (1992). *Introduction aux théories de la personnalité*, Boucherville, Gaëtan Morin éditeur.

BRAZELTON, T. Berry (1994). *Points forts*, Paris, Stock-Laurence Pernoud.

BRAZELTON, T. Berry (2002). *Points forts, de 3 à 6 ans*, tome 2, Paris, Stock-Laurence Pernoud.

BRILLON, M. (2006). *La pensée qui soigne*, Montréal, Éditions de l'Homme.

BRILLON, M. (1998). *Ces pères qui ne savent pas aimer et les femmes qui en souffrent*, Montréal, Éditions de l'Homme.

BURLOUX, G. (2004). *Le corps et sa douleur*, Paris, Dunod.

CHAIRE EN GESTION DE LA SANTÉ ET DE LA SÉCURITÉ DU TRAVAIL DANS LES ORGANISATIONS (2003). *La santé psychologique au travail... de la définition du problème aux solutions*, Sainte-Foy, Université Laval.

CÔTÉ, R. (1999). *La discipline familiale*, Québec, ASMS inc.

DALLAIRE, Y. (2006). «La réelle fonction du père», *Psychologie Québec*, vol. 23, nº 5.

DALLAIRE, Y. (2001). *Homme et fier de l'être*, Québec, Option Santé.

DOLTO, F. (1978). *Lorsque l'enfant paraît*, tome 2, Paris, Éditions du Seuil.

DUCLOS, G., LAPORTE, D. et ROSS, J. (1994). *Les grands besoins des tout-petits,* Montréal, Éditions Héritage.

FECTEAU, D. (2005). *L'effet placebo*, Montréal, Éditions de l'Homme.

LAPORTE, D. (1997). *Pour favoriser l'estime de soi des tout-petits. Guide pratique à l'intention des parents d'enfants de 0 à 6 ans*, Montréal, Hôpital Sainte-Justine.

LAPORTE, D. (1997). *Quand les tout-petits apprennent à s'estimer. Guide théorique et recueil d'activités pour favoriser l'estime de soi des enfants de 3 à 6 ans*, Montréal, Hôpital Sainte-Justine.

LAPORTE, D. (1999). *Être parent, une affaire de cœur*, tome 1, Montréal, Hôpital Sainte-Justine.

LAPORTE, D. (2000). *Être parent, une affaire de cœur*, tome 2, Montréal, Hôpital Sainte-Justine.

LEMAY, M. (2001). *Famille, qu'apportes-tu à l'enfant?*, Montréal, Hôpital Sainte-Justine.

LIAUDET, J.-C. (1998). *Dolto expliquée aux parents*, Paris, J'ai lu.

LUSSIER, M.-T. et RICHARD, C. (2005). *La communication professionnelle en santé*, Montréal, Éditions du Renouveau pédagogique.

MONBOURQUETTE, J. (1998). *L'abc de la communication familiale. Le livre des parents qui n'ont pas le temps de lire*, Outremont, Novalis.

MYERS, G. E. et MYERS, M. T. (1990). *Les bases de la communication humaine*, Montréal, Chenelière/McGraw-Hill.

OLDS, S. W. et PAPALIA, D. E. (2000). *Le développement de la personne*, 5e édition, Québec, Études Vivantes.

PERRON, R. et PERRON-BORELLI, M. (1994). *Le complexe d'Œdipe*, Paris, Presses universitaires de France.

PHANEUF, M. (2002). *Communication, entretien, relation d'aide et validation*, Montréal, Chenelière/McGraw-Hill.

PIAGET, J. (1964). *Six études de psychologie*, Genève, Gonthier.

ROBERT, J. et JACOB, J.-A. (2005). *Ma sexualité de 0 à 6 ans*, Montréal, Éditions de l'Homme.

ROBERT, J. (2003). *Ma sexualité de 6 à 9 ans*, Montréal, Éditions de l'Homme.

ROBERT, J. (1999). *Parlez-leur d'amour... et de sexualité*, Montréal, Éditions de l'Homme.

SALOMÉ, J. (1997). *Pour ne plus vivre sur la planète TAIRE*, Paris, Albin Michel.

SALOMÉ, J. (1991). *T'es toi quand tu parles*, Paris, Albin Michel.

SERVAN-SCHREIBER, D. (2003). *Guérir le stress, l'anxiété et la dépression sans médicaments ni psychanalyse*, Paris, Robert Laffont.

VINCENT, A. (2004). *Mon cerveau a besoin de lunettes, vivre avec l'hyperactivité*, Québec, Académie Impact.

WEISINGER, H. (2002). *L'art de la critique constructive*, Montréal, Éditions Transcontinentales.

Table des matières

TROISIÈME PARTIE

La foire aux questions : mes réponses aux interrogations les plus fréquentes des parents

Pour communiquer avec l'auteure

Courriel: nathalie.parent2@fse.ulaval.ca
Téléphone (bureau): (418) 575-8520

Imprimé sur du papier Quebecor Enviro 100 % postconsommation, traité sans chlore, accrédité Éco-Logo et fait à partir de biogaz.

certifié | procédé sans chlore | 100 % post-consommation | archives permanentes | énergie biogaz